AF247385

DEUX
PETITS TOURISTES
EN ALGÉRIE

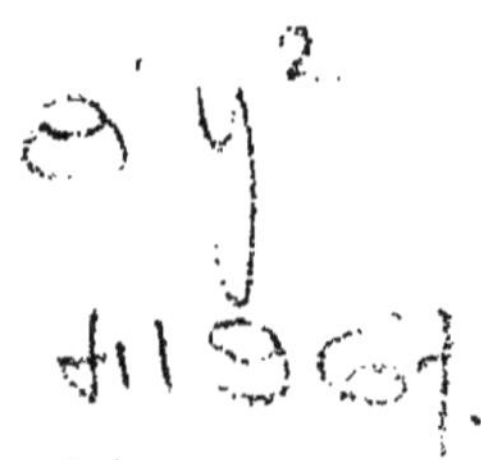

Il leur fit grimper la rue de la Casbah raide et abrupte. (Page 33.)

DEUX
PETITS TOURISTES
EN ALGÉRIE

PAR

GASTON BONNEFONT

Illustre de 25 gravures par KAUFFMANN

PARIS

BERNARDIN-BÉCHET ET FILS, ÉDITEURS

53, QUAI DES GRANDS-AUGUSTINS, 53

DEUX
PETITS TOURISTES
EN ALGÉRIE

CHAPITRE PREMIER

Où le lecteur fait connaissance avec la famille Badourot.
En route pour l'Afrique.

Le cinquième jour du mois d'avril de l'an de
grâce mil huit cent quatre-vingt-six, comme les

chronomètres et les horloges bien réglées de la ville de Marseille — dont Paris ne sera qu'une modeste succursale, tant qu'il n'aura pas une cannebière, — marquaient trois heures vingt-huit minutes et trente-quatre secondes, la sonnette de l'appartement habité par M. César Badourot se livra à un carillon désordonné, si bien que ledit César, très placide de caractère quoique très martial de nom, eut un violent soubresaut dans le fauteuil où il se livrait aux douceurs de la sieste, et fut sur le point d'appeler Léocadie, sa bonne, pour lui demander un verre de cordial qui le remît de l'émotion dont il éprouvait les effets.

M. César Badourot, ancien négociant en cafés, actuellement rentier, habite, dans la cité où naquit le premier président de la troisième République française, une fort belle maison de la rue Saint-Ferréol. Il est veuf et père de deux enfants : mademoiselle Cornélie (onze ans, trois mois et demi), et M. Numa (douze ans, cinq mois trois quarts). Il a amassé une fortune considérable, se repose après avoir travaillé seize heures par jour pendant vingt-deux années, et, quoiqu'il se porte à merveille, se soigne comme s'il était atteint de trente-six maladies.

Au bruit de la sonnette, il hésite, comme on l'a vu, entre la continuation de sa sieste et l'absorption d'un cordial. Il n'a pas encore pris de détermination, lorsque M. Marius Badourot, son frère cadet, fait irruption dans le salon.

M. Marius (on aime beaucoup les noms latins dans la famille Badourot), M. Marius est l'antithèse vivante de M. César. Jamais deux frères ne furent aussi dissemblables. Autant M. César aime la quiétude de l'esprit et du corps, autant M. Marius aime le mouvement ; autant l'un est tranquille, autant l'autre est vif. Pourtant ils s'adorent, peut-être en vertu de la loi : les extrêmes se touchent.

M. Badourot junior est ancien élève de l'École centrale. Ses travaux l'ont toujours absorbé au point qu'il n'a jamais eu le temps de songer à se marier. Il est ingénieur au service de la Compagnie Marseillaise des mines de cuivre du Djurjura, dont il fait admirablement les affaires, n'a pas dans tout Marseille son pareil pour l'érudition, et ne quitte ses recherches scientifiques

que pour passer chez son frère quelques instants à gâter son neveu et sa nièce, qu'il adore,
suivant la coutume.

M. Badourot junior ne peut rester trois minutes inactif; M. Badourot senior affirme qu'il
doit se promener pendant son sommeil, tant il
a horreur du repos. Quand il réfléchit, il lui
arrive fréquemment de marcher au hasard,
gesticulant et remuant les bras comme s'il parlait à un être invisible.

Son frère prétend qu'il sera cause de sa mort,
tant il lui bouleverse le sang par ses allures
rapides et saccadées. Quand ils déjeunent ensemble, l'ingénieur en est déjà au dessert que
l'ex-négociant en cafés achève à peine ses radis;
et Marius a déjà allumé son cigare que César
en est encore à déchiqueter sa côtelette, maudissant à voix basse le fumeur et la nicotine.

Cornélie et Numa, eux, ont pour leur oncle
une véritable passion. Il est leur parent-gâteau,
un vieux camarade plein d'indulgence, toujours
disposé à leur être agréable, à leur conter des
histoires, à leur fabriquer des jouets, à satis-
faire toutes leurs fantaisies.

Après le déjeuner ou le dîner, Numa s'assied sur un de ses genoux, Cornélie sur l'autre, et en avant les anecdotes! M. César s'endort; et ce n'est que lorsqu'il se réveille, aux cris de ses enfants qui s'extasient aux récits de M. Marius, que la séance prend fin, écourtée par la phrase paternelle :

— Allons, Numa, — allons, Cornélie, — il est temps de se mettre au travail.

(Cette phrase, usitée après le déjeuner, a pour variante, quand elle est prononcée le soir : — il est temps d'aller se coucher.)

Donc, le cinquième jour du mois d'avril de l'an de grâce mil huit cent quatre-vingt-six, M. Badourot junior fit, après avoir sonné très fort, irruption dans le salon de M. Badourot senior, dont il interrompit la sieste.

— Bonjour, dit-il. Ça va bien, merci. Toi aussi, tant mieux. Ne te dérange pas. Je pars... demain... pour l'Algérie... Des mines... tu sais... affaire magnifique! Les données sont certaines! Il y a là une fortune!... Et j'emmène tes enfants.

M. César écoutait avec toute l'attention dont

il était capable; mais son esprit était sans doute encore en proie à un reste de somnolence, car il ne comprit que très vaguement le discours rapide de son frère.

— Qu'est-ce que tu me racontes? dit-il. Tu pars?...

— Demain, pour l'Afrique. Et j'emmène tes enfants!... et toi aussi, si tu veux.

— Oh! pour moi, non, bien certainement. Mais pardon, un moment. Qu'est-ce que tu vas faire en Afrique?

— Explorer les montagnes, — en particulier les *Biban*, les *Oulad-Kebbab* et la *Medjerdah*, — où ma compagnie ne s'est encore livrée à aucune investigation. D'après des renseignements dont l'authenticité semble certaine, il y a par là assez de cuivre pour fabriquer des millions et des millions de gros sous. Le conseil d'administration s'est réuni ce matin, et il a décidé que je serais envoyé à la recherche des filons et gisements dont on lui a signalé l'existence probable. On m'a communiqué cette décision il y a vingt minutes, et immédiatement, comme tu le vois, je suis venu t'annoncer mon départ et mon désir d'emmener Numa et Cornélie. Le navire *Antigone* se met demain soir en route pour Alger; je vais aller retenir des places.

— Minute, minute. Pourquoi veux-tu emmener Numa et Cornélie?

— Pour leur faire voir du pays, pour les amuser et les instruire tout à la fois.

— Mais ils te gêneront.

— Pas du tout. J'emmène aussi ton domestique et ta bonne.

— Comment! Jean et Léocadie?

— Assurément. Qui pourrait mieux m'aider à veiller sur tes enfants? Ils les connaissent pour les avoir servis depuis leur naissance, et ils leur sont dévoués comme un caniche est dévoué à son maître.

— A la bonne heure! Mais de cette façon je resterai, moi, sans personne pour faire ma cuisine et mon ménage.

— Bah! les bureaux de placement ne manquent pas à Marseille. Tu engageras temporairement d'autres serviteurs, voilà tout.

— Voilà tout, voilà tout. Eh bien, non, ne

voilà pas tout. Cet arrangement ne me convient nullement et je n'y souscris point.

— Alors, pars avec nous.

— Partir avec vous! moi! Jamais! Aller me fatiguer inutilement, pour le plaisir de voir des hommes noirs habillés de blanc, ce serait trop bête. J'aime mieux rester à Marseille, parmi les hommes blancs habillés de noir.

— D'abord, les Arabes ne sont pas noirs.

— Oh! il s'en faut de si peu... Des sauvages rebelles à toute civilisation, qui parlent un langage auquel personne ne comprend rien, et vous envoient des coups de fusil si on leur dit que Mahomet n'était qu'un prophète de contrebande, des individus... enfin, des individus insupportables... Et tu veux que j'aille dans leur pays? C'est une plaisanterie, n'est-ce pas? Non, je reste à Marseille, où je me trouve fort bien, où le soleil est juste assez chaud pour mettre des rayons dans mes idées sans me brûler la tête, où l'on parle une langue raisonnable et raisonnée, où l'on peut se promener sans risque d'être assassiné pour ses opinions, où l'ailloli est excellent et la bouillabaise excellentissime, —

à Marseille où, soit dit en un mot, je me trouve parfaitement heureux.

— A ton aise, mon cher César, à ton aise; mais alors, je te le répète encore une fois, j'emmène tes enfants et tes domestiques.

— Les enfants, si tu y tiens, soit. A leur âge, les voyages ont du bon, je le sais; mais quant à mes domestiques, tu n'en as nul besoin et je les garde.

— Alors, tu préfères que j'engage des gens sur le dévouement et l'honnêteté desquels je ne pourrai pas sûrement compter, des gens qui soigneront tes enfants, non parce qu'ils les aimeront, mais parce qu'on les payera; des gens qu'il faudra certainement surveiller, et qui nous marchanderont leurs bons offices, parce que nous serons pour eux des étrangers. — Eh bien, non! je veux avec nous des serviteurs dont la fidélité soit éprouvée.

« Au moins, avec Jean et Léocadie, je serai tranquille, quand les travaux auxquels je serai astreint m'obligeront à m'absenter quelques heures. Ils connaissent Numa et Cornélie; ils sont habitués à leurs travers et savent comment il faut s'y prendre avec eux pour leur éviter des bévues. Voilà, je crois, d'excellents arguments en faveur de la nécessité du départ de tes domestiques ; de ton côté, quelles raisons peux-tu faire valoir pour les garder ?

— Quelles raisons ? Il y en a au moins mille.

— Cite-m'en seulement une, mais une bonne.

— Eh bien, je ne veux pas me séparer de Jean et de Léocadie parce qu'ils me sont indispensables. Ils sont au courant de mes habitudes et de mes dispositions ; ils sont pliés à mes exigences à ce point que je n'ai pas dix ordres à leur donner par jour. Avec eux j'ai tout sous la main, mes repas sont prêts à mes heures, mon bifteck est salé à point, ma salade vinaigrée comme il faut, ma tarte sucrée à mon goût. Une autre cuisinière me servira des gigots trop saignants, un autre domestique fera mon lit en dépit du bon sens ; et à eux deux ils m'horripileront par de continuelles maladresses.

— Eh, mon Dieu, tout cela ne sera pas bien malheureux. Il ne s'agira que de petits désagréments que tu accepteras comme pénitence partielle de tes nombreux péchés.

— Dis tout de suite que tu te moques de mon bien-être comme de Colin-Tampon.

— Eh, non, mais...

A ce moment la porte s'ouvrit, et Numa et Cornélie entrèrent dans le salon.

En apercevant leur oncle, ils se précipitèrent vers lui et se jetèrent à son cou.

— Allez faire vos préparatifs de départ, leur dit-il.

— Nous partons donc? répondirent-ils tout étonnés.

— Oui, demain soir, avec moi; votre père y consent. Nous nous embarquons pour Alger, d'où nous nous dirigerons vers Tunis, en passant par Constantine.

— Alger, Constantine, Tunis,... mais c'est à l'autre bout du monde! fit Numa.

— Bah! seulement de l'autre côté de la Méditerranée.

— Nous aurons peut-être le mal de mer, hasarda Cornélie.

— Et nous rencontrerons probablement des tigres et des lions, ajouta Numa.

— Autrement dit, vous ne voulez pas venir. C'est bien, je partirai seul.

— Ah! mais non, mais non! s'écrièrent simultanément les deux enfants.

— Pourtant si vous avez peur...

— Moi, mon oncle, interrompit Numa, je veux vous suivre.

— Et moi aussi, déclara résolument Cornélie.

— Allons, fit douloureusement M. César, qui avait un instant espéré que ses enfants refuseraient l'invitation de l'ingénieur, je vois que vous êtes tous d'accord pour me laisser seul ici à m'ennuyer.

— Mais, papa, observa malicieusement Cornélie, tu nous dis continuellement que nous te fatiguons et te cassons la tête avec nos jeux bruyants.

— Nous partis, poursuivit Numa, tu auras toute ta tranquillité et tu pourras faire le soir ta partie de whist avec tes amis sans que nous te dérangions.

— Mauvais arguments... Enfin, vous voulez partir... Partez!

— En route, reprit l'oncle Marius, nous tâcherons de mêler l'utile à l'agréable, nous étudierons et nous nous amuserons.

Puis il ajouta :

— Nous verrons un pays où tout est opposition et contraste ; où l'Europe active et l'immobile Orient se rencontrent ; où le Français à la démarche rapide et aux vêtements étroits coudoie l'Arabe à l'allure lente et à l'ample burnous, le Kabyle aux haillons sordides, et le juif qui a gardé quelque chose des mœurs et du costume de ses ancêtres. — Peuple curieux entre tous, un peu oublié par l'histoire moderne, mais qui a tenu une place prépondérante dans les annales des siècles passés, pays plein de vestiges d'une civilisation disparue, où abondent les sujets d'observation et les enseignements.

« Les Arabes ! nous les traitons aujourd'hui en vassaux, en individus d'une nature inférieure à la nôtre, oubliant que, pendant les âges disparus, lorsque l'Europe était envahie par les barbares, ils se sont constitués les gardiens de la science et se sont efforcés de reculer les limites de son domaine.

« Les Arabes ! mais ce sont eux qui ont donné

aux arts mécaniques les premiers perfection-
nements dignes d'une mention spéciale. —
N'est-ce pas l'un d'eux qui découvrit la fameuse
horloge à eau dont Haroun-el-Raschid fit présent à Charlemagne? — Ne créèrent-ils pas à
Bagdad un des premiers observatoires? — N'est-
ce pas à deux de leurs astronomes, Send-ben-
Ali et Khalet-ben-ab-Delmarek, que l'on dut
la première mesure d'un degré du méridien?

« Ce furent encore des Arabes qui sou-
mirent à des rectifications essentielles les
travaux de Ptolémée et qui rédigèrent les
trois premières tables correctes relatives aux
mouvements des planètes. Ce fut un Arabe,
Thébit-ben-Corrah, qui inventa l'application de
l'algèbre à la géométrie. Et qui sait de combien
s'augmenterait notre dette de reconnaissance
envers cette race aujourd'hui un peu méconnue,
si nous lui rendions complètement justice, si
nous n'attribuions pas à d'autres des travaux
dont le mérite lui revient?

« L'Orient, et l'Algérie en particulier, nous
cachent bien des manuscrits et c'est une erreur
de croire que les Arabes se sont rarement élevés

au-dessus des rêves astrologiques. Leurs efforts n'ont pas été étrangers au développement des connaissances humaines et leur exemple a servi à la renaissance des lettres et des arts en Europe.

« A Cordoue, les califes favorisèrent le mouvement littéraire. Les nouvelles de Hariris, les fables de Lokmon et le recueil des *Mille et Une Nuits* témoignent du goût et de l'imagination des Africains du Nord. — A qui appartient la paternité de notre système de numération, sinon aux Arabes? — D'où nous viennent les chiffres dont nous nous servons? — Ne se sont-ils pas occupés avec succès de physique, de trigonométrie et de géométrie descriptive?

« C'est à deux alchimistes arabes, Abou-al-Koufi et Abou-Arrassi, que nous devons les formules des acides sulfurique et nitrique et la préparation du mercure. — C'est... mais je m'oublie et me laisse entraîner trop loin dans le domaine de la science. Le temps presse; il n'y a pas une heure à perdre, si nous voulons être prêts à partir demain. Je dis nous, car vous partirez avec moi, n'est-ce pas?

— Certainement! certainement!

—Et combien durera votre voyage? demanda M. Badourot senior.

— Tout au plus deux mois, répondit l'oncle Marius.

— Deux mois! comme ça va être long!

— Bah! bah! nous t'écrirons, nous t'enverrons, rédigés avec soin et exactitude, nos incidents et impressions de voyage, un véritable journal de nos faits et gestes; et, grâce à ton imagination, tu vivras pour ainsi dire de notre vie et tu partageras nos plaisirs sans partager nos fatigues.

— Ces enfants vont prendre des habitudes de paresse: ils oublieront tout ce qu'ils ont appris.

— Moi, dit Numa, j'emporte ma grammaire et mon arithmétique.

— Moi, mon histoire, une géographie et ma boîte à dessin, ajouta Cornélie.

— Et moi, je serai votre professeur, conclut l'oncle Marius. Allons, le temps presse; je vous quitte. Préviens tout de suite tes domestiques.

— Vraiment! tu ne veux pas me les laisser?

— Non, nous en aurons là-bas plus de besoin que tu n'en aurais toi-même ici.

M. César Badourot poussa un gros soupir, mais se résigna, comme il avait du reste l'habitude de le faire, après quelques timides essais de résistance, quand son frère avait parlé.

— A demain soir ! dit M. Marius en prenant son chapeau. Je vais m'occuper de mes préparatifs. Que vos malles soient fermées et bouclées à huit heures. L'*Antigone*, qui nous emportera, lève l'ancre à neuf heures et demie ; et, si nous étions en retard, on ne nous attendrait pas.

M. César resta une grande heure à réfléchir, comme il avait coutume de le faire pour toute chose importante ; puis, une fois accoutumé à cette idée nouvelle, il en prit son parti et redevint le négociant habitué à tout prévoir. Son carnet à la main, il monta dans les chambres des enfants, s'enquit de tout ce qui pouvait leur manquer, et alla lui-même donner des ordres aux fournisseurs.

Le lendemain, à huit heures précises, l'oncle Marius arrivait chez son frère, suivi de deux commissionnaires.

— Eh bien? dit-il en entrant.

Pour toute réponse, les enfants lui montrèrent leurs malles et celles des domestiques alignées dans l'antichambre, les couvertures de voyage roulées.

— Portez ces bagages sur l'*Antigone*, dit M. Badourot junior aux commissionnaires.

Et tandis que l'on exécutait son ordre, il s'écria :

— Allons, en route !

Il tendit une main à Cornélie, l'autre à Numa ; et tous les trois sortirent, suivis de M. Badourot senior et des deux domestiques.

CHAPITRE II

Alger.

A neuf heures et demie, la machine de l'*Antigone* lançait dans les airs un sifflement long et strident, et les matelots, après avoir levé l'ancre, détachaient les dernières amarres. Le navire se mit en mouvement. L'oncle Marius, Numa, Cornélie, Jean et Léocadie étaient sur le pont, envoyant de leurs mains et de leurs mouchoirs leurs derniers adieux à M. Badourot senior, qui, debout sur le quai de la Joliette, leur répondait en agitant son chapeau.

Le steamer avança d'abord lentement, comme l'exigeait la prudence, pour éviter de se heurter aux nombreux bateaux qui encombraient le port. Mais quand il eut gagné la mer, il accéléra son allure, et bientôt Marseille n'apparut plus aux passagers que comme une vaste masse de points noirs et de points lumineux.

— Dans trente heures, dit l'oncle Marius, nous débarquerons à Alger. Dans trente heures nous serons dans la troisième partie du monde, si différente de la nôtre par la lumière, par l'aspect des paysages, par le climat, par les mœurs des indigènes.

—Trente heures! fit à voix presque basse Jean, qui était à quelques pas de ses maîtres, eh, eh! ça serait fameusement long, si nous devions avoir le mal de mer pendant tout ce temps-là.

L'ingénieur entendit le propos.

— Le mal de mer! répliqua-t-il, se tournant

vers le domestique ; il ne vient qu'aux gens qui en ont peur. D'ailleurs la mer est calme et unie comme une glace.

— Ça peut changer, hasarda Léocadie.

— En ce cas, et si vous sentez votre estomac faiblir, vous vous coucherez sur le dos et vous compterez les étoiles. Si vous pouvez dormir, ça vaudra encore mieux.

Et, après avoir indiqué ce remède, M. Marius Badourot alluma un cigare et se mit à arpenter le pont, ayant Numa à sa gauche et Cornélie à sa droite. Il leur parla pendant quelque temps de la navigation maritime, puis il les conduisit à leurs cabines respectives.

— Il est près de onze heures, dit-il ; couchez-vous et tâchez de dormir.

Et après s'être assuré que rien ne leur manquait, il revint sur le pont et reprit sa promenade.

Bientôt tout reposait à bord, à l'exception des matelots de service et de l'ingénieur qui, debout à l'avant du navire sur un tas de cordages, songeait à des problèmes scientifiques, tout en contemplant les étoiles qui brillaient dans le ciel.

Jean et Léocadie dormaient dans leurs hamacs, rêvant peut-être au mal de mer, mais à coup sûr ne l'ayant pas.

D'ailleurs le temps resta au beau fixe tout le temps que dura la traversée. La seconde nuit, on se coucha de bonne heure, afin de se lever de très grand matin, pour jouir du spectacle de l'arrivée en vue de la terre africaine.

On était un peu en retard et il était près de cinq heures lorsque l'on put, de l'*Antigone,* apercevoir à l'avant Alger, où s'éteignaient les derniers becs de gaz en même temps que le jour se levait.

Tous les passagers étaient sur pied. A droite de la ville, on distinguait le phare du cap Caxine ; à gauche, le phare du cap Matifou, dont les feux blanchissaient dans la lumière naissante. Peu à peu le soleil répandit ses premiers rayons et éclaira un des plus beaux paysages du monde. Le Bou-Zaréa apparut, entouré de brumes ; puis la ville se détacha, blanche sur un fond de collines vertes.

Numa et Cornélie, qui suivaient du regard tous les détails du splendide panorama, étaient émerveillés. Ils demeuraient silencieux, émus par la majesté de cette nature qu'ils contemplaient pour la première fois. Les deux domestiques eux-mêmes avaient oublié les dernières craintes que leur avait inspirées la mer, et fixaient des yeux étonnés sur la ville qui, maintenant, avait l'aspect d'une grande carrière avec des escaliers taillés pour des géants.

Plus le navire approchait et plus les détails s'accentuaient; on pouvait presque compter les maisons, étagées les unes au-dessus des autres, et leurs terrasses plates dominant la mer.

A droite et à gauche s'élevaient de magnifiques villas et des hameaux formant à la ville comme une grande ceinture ensoleillée. Derrière les collines du littoral, d'autres, plus élevées, dentelées comme une scie, se détachaient nettement sur l'horizon, toutes scintillantes. C'étaient le majestueux Djurdjura et le petit Atlas; et, entre les deux chaînes, on devinait plutôt qu'on ne voyait une grande plaine : c'était la *Mitidja*.

Il était six heures quand les passagers de l'*Antigone* débarquèrent.

En voyant les Arabes au teint bronzé, vêtus de leurs burnous blancs sous les rayons d'un soleil autrement chaud que celui de Marseille, les femmes dont la figure disparaissait presque complètement sous les voiles, une multitude d'oisifs dont le langage était pour eux absolument incompréhensible, nos voyageurs ne purent se défendre de l'étonnement qu'excitent naturellement en nous l'étrange et le nouveau. Ils étaient sur une terre française, gouvernée par des Français, régie par les mêmes lois que la mère patrie, et pourtant tout ce qu'ils voyaient et entendaient différait de ce qu'ils avaient coutume de voir et d'entendre à Marseille.

Ils n'avaient pas fait dix pas sur le quai qu'une douzaine d'indigènes les entouraient déjà, leur proposant de les accompagner à un hôtel, de porter leurs bagages et de leur servir de cicérone.

Mais l'oncle Marius refusa leurs services, et, hélant une voiture de louage, donna l'ordre au cocher de conduire sa petite troupe à l'hôtel de France.

Quant à lui, il resta sur le quai, pour surveiller le débarquement des malles et se charger de leur transport.

Il ne se fit, du reste, pas attendre longtemps.

— Allons, dit-il, déjeunons vite ; puis nous nous occuperons de nos affaires.

Le café au lait qu'on servit à nos amis fut jugé excellent.

— Je n'en ai jamais bu de meilleur à Marseille, déclara Numa, au risque de blesser par cette assertion les susceptibilités de Léocadie, chargée chez son père des préparations culinaires.

Le déjeuner terminé, l'oncle rédigea le télégramme suivant :

« Badourot, rue Saint-Ferréol, »
« Marseille. »

« Arrivés Alger bon port. Venons de prendre notre premier repas hôtel de France. »
« Marius .»

Il donna l'ordre à un garçon d'expédier la dépêche, qui était remise deux heures plus tard à son destinataire, au moment où il déjeunait lui-même, et se lamentait parce que la cuisinière qu'il avait engagée pour remplacer Léocadie venait de lui servir du pain ordinaire au lieu de pain de gruau et du beurre salé au lieu de beurre frais.

— Maintenant, dit l'oncle en se levant de table, nous allons, tout en visitant les principales curiosités de la ville, nous occuper des acquisitions sans lesquelles nous ne pouvons nous mettre en route pour l'intérieur des terres. Montons à nos chambres, passons l'inspection de nos malles, et voyons quels sont les objets qu'il convient d'acheter.

L'opération s'effectua avec la promptitude habituelle à l'ingénieur. Armé d'un carnet et d'un crayon, il assistait à l'inventaire et inscrivait ce qui lui semblait manquer à chacun.

Quand il eut tout noté, il manda le maître de l'hôtel.

— Pouvez-vous, lui dit-il, me recommander un indigène digne d'une confiance absolue, capable de me servir de guide d'ici à Constantine, et parlant un peu le français? Je me mets en route dans trois jours et j'ai besoin d'un homme qui soit à même de suppléer à mon ignorance du pays et de ses habitudes.

— Oui, Monsieur, je connais à Alger un vieil Arabe qui a déjà accompagné plusieurs caravanes et dont on a toujours été satisfait. Il parle mal le français, mais avec de la bonne volonté on arrive à le comprendre. Si vous le désirez, je vais l'envoyer chercher.

— Avec plaisir.

En attendant son arrivée, l'oncle récapitula les objets de vestiaire qu'il jugeait nécessaire d'acheter : un costume de flanelle pour chaque membre de la caravane, un chapeau en forme de casque comme en ont aux Indes les soldats anglais et des chaussures épaisses. Les malles emportées de Marseille contenaient tout ce qu'il fallait pour compléter la garde-robe de chacun.

Puis il écrivit sur son carnet : « chevaux, mulets, armes et munitions, tentes et objets de campement, conserves alimentaires, ustensiles de cuisine, vaisselle de voyage, etc., etc. »

Les deux *etc.* impliquaient les acquisitions dont il ne prévoyait pas la nécessité pour le moment, et que lui indiquerait l'Arabe, dont l'expérience en matière d'expéditions allait lui servir pour éviter des oublis.

— Mais, mon oncle, demanda Cornélie, qui avait lu par-dessus l'épaule de l'ingénieur la liste des objets qu'il avait inscrits, à quoi bon, je te prie, acheter des chevaux, des tentes et de la vaisselle? Il n'y a donc pas de diligences et d'hôtelleries dans les pays que nous allons traverser?

— Il y en a fort peu. La plupart des routes ne sont pas carrossables, et le service des diligences, quand il existe, est fort mal organisé. Les villages sont très distants les uns des autres, et le plus grand nombre attend encore l'établissement d'une auberge logeable. Les Kabyles, avec qui tu feras connaissance, sont, il est vrai, très hospitaliers; mais, outre que le mobilier de leurs habitations est des plus rudimentaires, ils ont signé avec les puces et les punaises un déplorable traité de paix. Ils couchent sur une natte, que partagent souvent avec eux leurs moutons et leurs brebis, et leur cuisine se réduit à un trou dans lequel ils allument du feu, et au-dessus duquel ils font bouillir quelques mauvais légumes.

Mlle Cornélie ne put s'empêcher de pousser un ah! des plus expressifs, auquel collabora monsieur son frère.

— Ah! vous vous imaginiez peut-être, continua l'oncle Marius, que vous alliez voyager ici avec toutes les commodités que l'on est sûr de rencontrer dans la province de France la plus déshéritée. Eh bien, non! En Algérie, le gouvernement et les grandes associations n'ont pas encore eu le temps de doter le pays des avantages de services bien organisés, et chacun doit y compter sur ses ressources personnelles et sur son intelligence plus que sur l'aide et la protection d'autrui.

« Aussi bien vous ne vous plaindrez pas, je vous l'assure, de la façon dont nous allons voyager. Vous rencontrerez l'imprévu à chaque pas et vous ne manquerez de rien de ce qui est nécessaire au confort. Et je suis sûr que quand nous aurons à parcourir un chemin traversé par la ligne du chemin de fer établie entre Alger et Constantine, vous aimerez mieux

faire la route à cheval que dans un comparti-
ment capitonné de première classe.

A ce moment, un garçon annonça que l'Arabe
qu'on était allé chercher venait d'arriver.

— Qu'il entre, dit M. Badourot junior.

Un homme d'une quarantaine d'années, grand
de taille et visiblement doué d'une vigueur peu
commune, parut.

Il avait le visage ovale, le front fuyant, les
yeux noirs et vifs, le nez busqué, les lèvres
minces, les cheveux et la barbe d'un noir de
jais. Il portait le costume traditionnel et avait
autour du cou un collier, auquel il attribuait
la vertu de préserver du mauvais œil, des maladies et de la mort.

— Comment vous appelez-vous? lui demanda
l'oncle Marius.

— Kaddour-ben-Moussa.

— Voulez-vous nous accompagner jusqu'à
Tunis, et être à la fois notre guide et notre
serviteur?

— Oui, Monsieur.

— Nous passerons par Aumale, puis nous
suivrons la chaîne des Biban et nous gagnerons

Constantine en longeant les montagnes des Oulad-Kebbab. De là, nous verrons. Avez-vous déjà voyagé dans ces régions?

— Oui, Monsieur.

M. Badourot junior et Kaddour-ben-Moussa s'entendirent au sujet du salaire.

— Nous partirons dans trois jours, après avoir été visiter Blidah, dit l'ingénieur.

— Bien, Monsieur.

— D'ici là, vous allez nous montrer Alger et nous aider à acheter ce dont nous aurons besoin en route.

— Oui, Monsieur.

Si Kaddour péchait par un défaut, ce n'était pas, on le voit, par la loquacité. Sous sa conduite, nos amis firent dans la ville leur première excursion.

Ils parcoururent la rue Bab-Azoum, qui est le boulevard des Italiens d'Alger; puis ils allèrent visiter, derrière le théâtre incendié en 1879 et reconstruit depuis, le grand marché de la cité, cent fois plus pittoresque que nos Halles centrales. Là, chaque denrée est vendue par une race différente. De brunes filles, au teint coloré et au parler musical, offrent des petits pois, des artichauts et des courges; ce sont des maraîchères mahonnaises. Le Kabyle au regard d'aigle, sec, nerveux et riant volontiers, vend les lièvres et les perdreaux qu'il a tués la veille. — Des bouchers, véritables hercules, dépècent un bœuf ou dépouillent un mouton, tandis que près d'eux, des émigrantes alsaciennes offrent aux acheteurs des volailles grasses, des œufs et du fromage. — Et partout des ânes, des *bourricos*, comme on les appelle là-bas, aimables petites bêtes très douces, très sages et très philosophes, qui sont de toutes les fêtes et que l'indigène traite en amis.

Après avoir arpenté la ville basse, où ils achetèrent les vêtements supplémentaires dont l'oncle Marius avait dressé la liste le matin, nos amis retournèrent à l'hôtel pour y prendre leur repas, — un repas excellent, qui n'avait qu'un seul défaut, celui de ressembler à tous ceux que l'on sert à Marseille dans les bons hôtels. — Puis, comme personne n'était fatigué, on sortit de nouveau.

Cette fois, Kaddour conduisit la petite troupe

jouir des curiosités architecturales de la vieille ville mauresque. Il lui fit grimper la rue de la Casbah, raide et abrupte comme un chemin taillé dans le roc, et dont les pavés pointus sont un châtiment pour les pieds de l'infidèle qui s'y aventure.

— Vraiment, mon oncle, dit Numa, il faut avoir les jambes solides pour gravir des pentes pareilles sans dégringoler.

— Et des chaussures non moins solides, pour qu'elles ne restent pas en chemin, ajouta Cornélie.

— Marseille vous a gâtés, mes enfants, répondit en riant l'oncle Marius. Voyez si Kaddour n'a pas l'air absolument à son aise.

— Oui, remarqua Numa, mais il est habitué à ces terribles pavés.

— Encore si j'avais une ombrelle pour me garantir des rayons brûlants du soleil!... ajouta Cornélie.

— Petite sybarite! Allons, un peu de courage! L'ascension de la Casbah, c'est l'épreuve avant la récompense. Du haut de la rue, nous contemplerons un panorama qui nous dédommagera amplement de nos peines.

C'était vrai. Les maisonnettes passées à la chaux et qui semblent ne se tenir debout que grâce à un miracle d'équilibre, avec des cours intérieures éclairées par une galerie de portiques et de fenêtres ogivales, qu'on dirait découpées à jour par le ciseau d'un artiste fantaisiste, tout cet ensemble de bâtisses si différentes de nos constructions européennes formait le tableau le plus pittoresque.

Comme il passait devant une de ces maisons, l'oncle Marius glissa son regard à travers la porte entr'ouverte et examina la petite cour, égayée par le susurrement d'un jet d'eau et dont les dalles étaient recouvertes de tapis multicolores sur lesquels reposait une jeune femme mauresque, dans son costume d'odalisque, fumant la chibouque et s'éventant.

Le spectacle était curieux sans doute, car M. Badourot s'attarda à le considérer.

— Assez, lui dit Kaddour, Maures ne pas aimer que *Roumi* s'occupent de ce qui se passe chez eux; se mettre facilement en colère et très bien jouer du nerf de bœuf.

Kaddour avait raison sans doute.

Il faut cependant reconnaître que les Maures d'aujourd'hui, descendants des anciens peuples autochtones du territoire d'Alger, fils de messieurs les pirates qui, pendant des siècles, ont fait de la pure et placide Méditerranée un affreux coupe-gorge, se sont bien calmés, ont pris des manières doucereuses et un parler mielleux.

Un des attraits principaux d'Alger consiste dans la variété des costumes qu'on y rencontre. Celui qui a le plus de cachet est le costume arabe proprement dit, tel qu'il est porté par ces hommes à la taille droite et élancée, aux traits réguliers, aux yeux noirs et à la fière démarche. Ils ont cette particularité de toujours se couvrir la tête du capuchon de leur burnous, autour duquel ils enroulent six ou sept fois une grosse corde de poil de chameau. Leurs femmes s'enveloppent de la tête aux pieds dans des haïks et des burnous blancs.

Le costume kabyle se compose d'une longue chemise qui descend au-dessous du genou, d'un burnous, d'une calotte blanche et d'un bonnet de laine rouge. Ces montagnards sont rarement chaussés dans leur intérieur ; cependant ils portent des souliers quand ils vont aux champs, afin de se préserver des épines. Les femmes sont vêtues d'une longue chemise, retenue par une ceinture de couleur et qui descend jusqu'à la cheville ; elles se coiffent d'un foulard ; la plupart ont des bracelets aux poignets, des boucles d'oreilles et des bijoux dans leurs cheveux.

Après avoir erré sur les toitures de centaines de maisons, sur les coupoles des mosquées, sur les tours des minarets, le regard de nos amis plongeait dans les flots bleus de la mer. A leurs pieds s'étendaient les plaines fertiles de la Mitidja, ces merveilleuses conquêtes obtenues, à force de sacrifices et de travaux, sur des marécages malsains, et dont l'aspect, aujourd'hui si riant, si fertile et si prospère, contient une éloquente protestation contre le reproche si souvent adressé à la France de n'être pas une nation colonisatrice.

La vérité, c'est que le Français ne quitte pas volontiers son pays. Il faut des cataclysmes politiques ou des désastres comme ceux dont a été cause le phylloxéra pour le contraindre à aller au loin tenter la fortune. Mais, partout où des Français se sont installés en Algérie, ils ont su transformer les terres incultes en champs de rapport.

La vie, à Alger, est d'ailleurs d'une quiétude parfaite.

— C'est ici que César devrait venir jouir de ses rentes, pensait M. Badourot junior. Le climat est délicieux et on ne sent de soucis nulle part. Pas de gens pressés ou affairés dans les rues.

L'oncle Marius avait raison. — Les habitants d'Alger estiment qu'il est bon de savourer l'heure, qui s'enfuit toujours assez vite. Et c'est pourquoi les beaux squares de la place de la République, de la place Randon et de la place Bresson ne chôment jamais d'oisifs contemplateurs, qui, à demi couchés sur les bancs de bois, à l'ombre de quelque palmier géant, laissent errer au hasard leurs regards, leur imagination et leur fantaisie. C'est pourquoi on s'attarde volontiers dans les jardins de

Mustapha, le Saint-Germain d'Alger, au milieu des aloès et des cactus, dans un immense parterre de fleurs aux parfums pénétrants, dans une atmosphère enivrante où tout charme et séduit.

CHAPITRE III

Blidah. — Le départ
de la caravane.

Le lendemain matin,
M. Badourot, accompagné
seulement des deux enfants, prit le chemin de
fer pour Blidah, qui est le jardin des Hespé-
rides de l'Algérie. Ils y arrivèrent au bout
d'une heure. Ils visitèrent les célèbres bos-
quets d'orangers, qui sont très nombreux et
d'une beauté inouïe. On y trouve des millions
d'oranges et de citrons, de grosseurs et de sa-
veurs variées.

Ils entrèrent chez le propriétaire d'un de ces jardins, afin de se régaler d'oranges cueillies sur l'arbre. Ce brave homme leur apprit que son bosquet n'était planté que depuis une dizaine d'années, et qu'il suffisait de mettre un rejeton dans le sol pour qu'il poussât. Il leur donna une provision de mandarines pour leur voyage, sans vouloir accepter aucune rétribution.

— La récolte est si abondante, leur dit-il, que, il y a quelques années à peine, les fruits se gâtaient sur les arbres faute d'être ramassés. Aujourd'hui que l'on commence à les expédier en France, les oranges ordinaires valent un centime et celles de premier choix ne vont pas à un sou.

Leur promenade les conduisit vers un restaurant situé tout proche, sur la route de la montagne, où ils déjeunèrent, en s'amusant fort des gambades des singes de la Chiffa, qui couraient sur les arbres d'alentour. De là, ils embrassaient d'un coup d'œil la fameuse forêt de Sidi-el-Kébir dont les magnifiques cèdres atteignent une hauteur de 28 mètres et une circonférence de 9 mètres. L'aspect de cette forêt est des plus imposants ; on comprend, à sa vue, l'enthousiasme des livres saints, qui vantent sans cesse la grandeur et la beauté des cèdres du Liban. Le cèdre a d'abord une forme pyramidale ; mais quand il a atteint une certaine hauteur, il se découronne. Alors les branches, au lieu de monter verticalement, s'étendent dans le sens horizontal et forment des plans de verdure superposés.

Nos amis rentrèrent à l'hôtel vers le milieu de la journée.

Quand arriva le soir du troisième jour passé à Alger, tout était prêt pour le départ de la caravane.

L'ingénieur avait acheté six chevaux arabes qui devaient servir de montures aux six membres de la troupe. Pour porter les bagages, il avait d'abord résolu de se procurer deux ou trois mulets ; mais, sur le conseil de Kaddour, il leur avait préféré un dromadaire ou plutôt un *mâhri*.

— Rien aussi bon et aussi vaillant, avait assuré l'Arabe ; jamais fatigué et mangerait des cailloux au besoin.

Les provisions de bouche formaient un volume respectable. Les ustensiles de cuisine et la vaisselle n'avaient rien de luxueux, mais aucun objet essentiel n'y manquait ; on emportait un petit fourneau. Kaddour avait exigé que l'on se munît d'une pharmacie portative.

— Pas nécessaire pour moi, disait-il; moi avoir au cou un talisman et ne pas craindre la maladie, mais indispensable pour vous.

L'ingénieur avait choisi la tente avec un soin tout particulier. Elle était en toile caoutchoutée, se divisait en plusieurs compartiments et par sa solidité et son imperméabilité promettait de protéger également bien contre le vent et contre la pluie.

Enfin il avait acheté une demi-douzaine de carabines de précision, un nombre double de revolvers de gros calibre et un stock de poignards.

Quatre jours après leur arrivée, à neuf heures du matin, nos amis étaient réunis dans la cour de l'hôtel, habillés de leurs costumes de voyage.

Les chevaux, tout sellés, piaffaient, impatients de se mettre en route. Le *mâhri*, auquel on avait donné d'un commun accord le nom de

Macache, regardait placidement Kaddour, qui s'assurait que les bagages étaient convenablement placés sur le dos de l'animal, dans les deux grands paniers dont on l'avait harnaché en forme de besace.

— Mon oncle, demanda Cornélie, pourrais-tu me dire quelle distinction il y a entre un chameau et un dromadaire? car il me semble qu'on emploie indifféremment l'un et l'autre nom.

— C'est très facile. Le chameau, plus particulièrement répandu en Asie, a deux bosses, tandis que le dromadaire ou *mâhri* n'en a qu'une seule, et c'est son espèce que l'on rencontre le plus dans le nord de l'Afrique.

Puis il ajouta :

— Comme tu le vois, ce sont les chameaux ou dromadaires qui portent la tente, les bagages et les provisions. — Ils peuvent faire 10 lieues par jour avec une charge de 500 kilogrammes. — C'est grâce à eux que les Arabes vivent dans le *pays de la soif*, en les envoyant chercher l'eau à des distances de plus de 20 lieues du point où ils ont planté leurs tentes, trajet qu'ils effectuent en une journée quand ils ne sont pas trop chargés. Les tribus peuvent ainsi rester des saisons entières dans les régions de pacage, où s'engraissent leurs troupeaux de brebis.

« Ce sont les chameaux qui vont chercher le blé et l'orge dans les pays qui en produisent et qui chargent dans les *ksour* les tissus fabriqués et les dattes. — C'est avec eux que les Arabes se dérobent à l'ennemi par de longues marches, et évitent le plus souvent d'être rejoints. — Aussi les chameaux sont-ils en grand honneur chez les Arabes, et, de tout temps, les plus grands poètes les ont chantés.

— Lors de la campagne d'Égypte, il y avait un régiment de dromadaires, fit observer Numa, content de montrer son savoir.

La petite caravane avait, ma foi, fort bonne mine. L'oncle Marius et Jean étaient armés jusqu'aux dents : ils portaient chacun une carabine en bandoulière, un poignard à la ceinture, et ils avaient mis une paire de revolvers dans les fontes de leurs selles.

Jean était très fier de son accoutrement.

— Je ne m'entends pas très bien au maniement des armes, se disait-il ; mais je suppose que, après un peu d'apprentissage, je m'en tirerai tout comme un autre. Et d'ailleurs, quel est le vil indigène ou l'animal sauvage qui oserait s'attaquer à un personnage équipé comme je le suis ?

Quand il s'était regardé dans la glace de sa chambre, il s'était, tant il avait l'air terrible, presque fait peur à lui-même.

En le voyant apparaître, Léocadie s'était soudain prise pour lui d'un respect que jamais auparavant elle n'avait éprouvé.

Numa avait passé en bandoulière une carabine d'une longueur adaptée à sa taille ; mais ce moyen d'attaque et de défense lui paraissant suffisant sans doute, il n'avait demandé à son oncle ni poignard ni revolver.

Kaddour, lui, avait, en homme pratique, confié au *mâhri* la charge de tout son bagage, depuis l'humble paquet qui lui servait de malle jusqu'au long fusil mauresque que son père lui avait légué pour tout héritage.

Quant à Léocadie, elle se sentait très émue. L'Algérie, pour elle, c'était un pays plein de dangers. Elle ne voulait pas le laisser voir, mais elle n'était pas du tout rassurée. D'une part, elle croyait les Arabes un peu anthropophages ; de l'autre, elle savait que les lions sont nombreux dans les campagnes et qu'ils adorent la chair humaine. Et elle redoutait de ne jamais revoir Marseille, où l'on aurait bien dû la laisser à ses fourneaux, au lieu de l'emmener dans des contrées barbares, où il y avait beaucoup de chances pour qu'elle fût mangée par des animaux.

Ah ! certes, elle eût, au moment de se mettre en route, donné bonne chose pour n'avoir pas quitté la rue Saint-Ferréol, la maison de M. Badourot senior, où elle était si tranquille.

Il était malheureusement un peu tard pour se livrer à ces réflexions.

Elle songeait douloureusement, lorsque soudain l'oncle Marius cria : — En selle !

L'ordre fut exécuté avec une promptitude et une régularité qui eussent sans doute été insuffisantes dans un régiment de cavalerie, mais qui, dans les circonstances présentes, furent jugées fort méritoires par M. Badourot junior. Toutefois, lorsqu'il vit Jean et Léocadie juchés sur leurs montures respectives, il ne fut pas sans éprouver quelques appréhensions.

— Ah ! bah, se dit-il, quand ils seront tombés deux ou trois fois, ils se tiendront mieux.

Quant à Numa et à Cornélie, ils avaient pris à Marseille des leçons d'équitation, et ils avaient tout à fait bonne mine sur leurs chevaux, que l'oncle Marius avait choisis un peu petits, mais très élégants.

— Allons, cria l'ingénieur, nous y sommes ?

Et, comme personne ne demanda de répit, il ajouta :

— En route !

La caravane se mit en marche. Elle émergea de l'hôtel, superbe avec ses montures fraîches et son attirail tout neuf.

En tête s'avançait M. Badourot, flanqué de Numa à sa droite et de Cornélie à sa gauche ; derrière, venaient Jean et Léocadie, qui faisaient les efforts les plus louables pour ne pas paraître trop mauvais écuyers ; et enfin Kaddour fermait la marche, monté sur un cheval blanc comme

son burnous, et tirant par une corde le patibu-
laire Macache.

Le temps était magnifique. Le soleil brillait
sans brûler.

Bientôt la petite troupe sortait de la ville et
s'engageait sur la route qui mène à Aumale.
Cette route, en quittant Alger, va constamment
en montant pendant cinq kilomètres, que nos
voyageurs parcoururent au petit pas de leurs
montures, afin de ne pas les fatiguer dès le départ.

Ils venaient de parvenir au sommet de la
hauteur, lorsque Numa appela l'attention de
son oncle sur un groupe de cavaliers qui galo-
paient dans une étroite plaine, dont on pouvait
embrasser du regard toute l'étendue.

— C'est une *fantasia*, dit M. Badourot.

— Une fantasia?

— Oui. La fantasia est un divertissement qui
est surtout en honneur dans la province d'Oran,
mais qu'on ne dédaigne pas, comme tu vois,
dans celle d'Alger, où toutefois il se réduit
à des proportions beaucoup moindres. —
C'est une cavalcade furieuse, un jeu national

Bientôt la petite troupe sortait de la ville et s'engageait sur la route qui mène à Aumale. (Page 48.)

comme en Espagne les *corridas* de taureaux.

« Quand une *fantasia* doit avoir lieu, les tribus sont averties, et on leur fait part de l'endroit et de l'heure du rendez-vous. — Les *goumiers*, c'est-à-dire les cavaliers de la milice indigène, four-bissent leurs armes et étrillent leurs chevaux avec un soin particulier ; ils choisissent leur burnous le plus chatoyant et leur meilleure paire de bottes de maroquin.

« L'idée que la poudre va parler rend à moitié fous de joie ces grands enfants, qui adorent la guerre et ses simulacres. — Les *cheiks*, ou chefs, passent l'inspection, et, lorsqu'ils ont tout ap-prouvé, les *goums* se mettent en mouvement.

« Arrivés sur l'emplacement qui leur a été dé-signé, les *goumiers* arborent par-dessus leurs tur-bans d'immenses chapeaux de paille de forme conique, qu'ils entourent de guirlandes de fleurs. Tu peux distinguer d'ici ceux que portent les ca-valiers qu'on aperçoit là-bas dans la plaine, mais malheureusement tu ne peux pas voir l'effet sin-gulier que produisent les visages farouches qui émergent de sous ces énormes coiffures. On dirait vraiment des croquemitaines enrubanés. — En ce moment les rangs des goumiers sont très réguliers ; ils s'avancent au petit galop, mais tout à l'heure la *furia* les gagnera jusqu'au dernier. Eh ! tiens, déjà cela commence.

Tout en parlant, l'oncle Marius avait tiré d'un porte-manteau, fixé sur la croupe de son cheval, une lorgnette qu'il tendit à Numa.

— Regarde, poursuivit-il, les cavaliers donnent de l'éperon dans les flancs de leurs montures. A l'œil nu, je vois des bêtes qui se cabrent, d'autres qui s'emportent.

A ce moment, des détonations retentirent, et il s'éleva un nuage de fumée au-dessus de la masse des *goumiers*.

— Tu entends, continua l'oncle Marius, chaque homme fait partir son fusil, qu'il brandit d'une main ; il lance l'arme en l'air et la rattrape avec dextérité. Tu perçois très distinctement le bruit des chevaux qui hennissent et des cavaliers qui poussent de véritables hurlements. Eh bien, cette furia et ce tumulte vont croître et embellir jusqu'à ce que.....

Un cri poussé derrière M. Badourot junior lui coupa la parole. Il se retourna et vit Léocadie étendue au beau milieu de la route. En entendant le bruit de la fantasia, son cheval s'était mis à piaffer et il s'était vite débarrassé de la malheureuse servante.

Toutefois la chute n'était pas grave. Léocadie avait eu plus de peur que de mal; mais elle se releva humiliée de sa maladresse et son beau costume blanc couvert de poussière.

—Maintenant, lui dit l'oncle Marius, comme elle remontait en selle en maugréant, — maintenant vous avez gagné votre premier grade dans l'armée des écuyères. Pour y obtenir un bout de galon, il faut être tombé : c'est fait.

Et après la courte halte nécessitée par cet incident, la caravane se remit en marche.

— Si nous faisions un temps de galop, à présent que la route ne monte plus? suggéra Numa.

M. Badourot et Cornélie accédèrent à la proposition, et les deux enfants et leur oncle lancèrent leurs chevaux.

Léocadie, qui se souciait fort peu de tomber une seconde fois, maintint prudemment sa monture au pas. Elle rattraperait les autres plus tard ; mais pour le moment, quoique gradée dans l'armée des écuyères, elle estimait fort judicieusement que pour un coup d'essai on ne pouvait pas demander à une domestique un coup de maître.

Jean, plus hardi, et ne voulant pas perdre une si belle occasion d'établir péremptoirement sa supériorité sur Léocadie, — Jean, lui, n'hésita pas à donner de l'éperon dans les flancs de son cheval qui partit immédiatement au galop.

— Bravo! lui cria l'oncle Marius pour l'encourager dans son premier essai réel d'équitation. Bravo! Serrez votre selle avec vos genoux. Là, c'est bien. Et de l'assiette, sapristi! de l'assiette. Les coudes plus rapprochés du corps. Le buste droit et bien dégagé. Bon! Ne tirez pas trop sur les guides. A la bonne heure! On vous prendrait presque pour un écuyer de profession.

L'éloge, hélas! tombait mal à propos, car au moment même où il lui était adressé, Jean perdait son étrier droit, se cramponnait des mains au pommeau de sa selle et s'efforçait tant par la force que par la persuasion d'arrêter son

cheval. Les objurgations parlées et la vigou-
reuse pression qu'il exerçait sur le mors en
tirant sur les rênes avec l'énergie du désespoir
eurent, par bonheur, un résultat presque ins-
tantané. Sa monture se remit au pas. Il était
temps; le cavalier avait tout à fait perdu
son équilibre et son sang-froid.

Jean reprit sur sa selle une position plus
conforme à sa dignité personnelle et aux prin-
cipes généraux de l'équitation; puis, jugeant
sans doute qu'il venait d'accomplir un exploit,
il fouilla dans une de ses poches, en tira une
gourde, et, pour se récompenser de la valeur
dont il avait fait preuve, s'offrit une conscien-
cieuse absorption du breuvage dont il l'avait
remplie avant le départ d'Alger.

Kaddour était resté en arrière, menant Macache par une corde, et échangeant de loin en
loin quelques paroles avec Léocadie.

Soudain l'Arabe poussa une exclamation de
joie.

— Qu'avez-vous ? lui demanda Léocadie.

Pour toute réponse, Kaddour lui montra deux
corbeaux qui volaient à leur droite.

— Eh bien? fit-elle.

— Très bon présage pour notre voyage.

— Vous croyez donc aux présages?

— Naturellement. Ainsi, quand nous partir pour la chasse, si voir une *haouma* (1), certains tuer beaucoup de gibier; si voir des corbeaux à notre gauche, sûrs éprouver quelque accident ou au moins rentrer bredouille.

(1) Réunion de corbeaux qui décrivent en l'air des cercles concentriques.

CHAPITRE IV

Premiers campements. — Aumale.

Vers midi, lorsque la chaleur commença à
se faire vivement sentir et que les estomacs se
mirent à protester contre un jeûne suffisamment prolongé, l'oncle Marius proposa que l'on
fît halte pour déjeuner. Il eût été facile de
trouver dans un des nombreux villages que
traverse la route dans cette partie de l'Algérie

une auberge où commander un repas satisfaisant; mais puisqu'il était convenu que l'on
camperait et que l'on avait du reste emporté
des provisions, mieux valait débuter immédiatement dans l'apprentissage de l'existence nomade.

Aussi la caravane s'arrêta dans un champ
qu'ombrageaient des arbres déjà recouverts de
feuilles. Le site était charmant; jamais, aux
environs de Marseille, les Badourot n'avaient,
pour un pique-nique, mis pied à terre dans un
emplacement plus favorable.

On étendit sur le sol une couverture de
voyage sur laquelle Jean dressa le couvert,
tandis que Léocadie procédait aux apprêts
culinaires. Kaddour avait aidé la servante à
allumer du feu; des œufs frais et de la viande
conservée devaient constituer les éléments du
festin.

Numa et Cornélie étaient dans l'enchantement.
Leur curiosité enfantine se délectait à chaque
détail et à chaque incident de leur pittoresque
voyage. Ils s'étaient, de concert avec l'oncle
Marius, chargés de donner leur pitance aux

chevaux et à Macache, auxquels ils avaient déjà enlevé leurs brides et qu'ils avaient attachés à des arbres.

Tout le monde, d'ailleurs, était de bonne humeur. Seule, Léocadie se plaignait un peu : son fourneau lui semblait ultra-rudimentaire; et quoiqu'elle n'eût pas grande cuisine à faire, elle regrettait l'installation qui lui permettait, à Marseille, de préparer les mets avec tout le soin et toute la conscience dont elle était coutumière.

De plus, elle souffrait, sans l'avouer, d'un désagrément particulier. Elle éprouvait aux jambes une douleur qui gênait ses mouvements. Elle était, pour une novice, restée longtemps à cheval, et subissait la loi à laquelle personne ne se soustrait : malgré la douceur des réactions de l'arabe qu'elle montait, elle avait dans les membres inférieurs de cuisantes démangeaisons.

Jean était en proie aux mêmes contrariétés, mais pour rien il ne l'eût laissé deviner. Il supportait son mal avec un stoïcisme digne d'un Spartiate et affirmait à Kaddour que jamais il ne s'était senti plus dispos.

On se mit à table, ou, pour mieux dire, chacun s'assit par terre autour de la couverture qui la remplaçait. On mangea avec un appétit qui prêta aux aliments une saveur particulière.

Pendant le repas, un homme passa sur la route, conduisant une autruche chargée d'un lourd fardeau.

Numa et Cornélie furent tout surpris de voir un oiseau soumis à semblable domesticité.

— Ne vous étonnez pas, dit l'oncle Marius; l'autruche, comme le chameau, est une excellente bête de somme, d'une patience et d'une docilité exemplaires. Elle s'apprivoise très facilement et rend les plus grands services.

— Et, si je ne me trompe, dit Cornélie, ses plumes sont fort recherchées pour les chapeaux de luxe.

— Parfaitement.

— Et on en mange la chair, ajouta Numa.

— Oui, le *hammoum*, ce plat si recherché des Arabes, n'est pas autre chose que la chair de l'autruche; c'est, paraît-il, meilleur que

le meilleur morceau de bœuf. De plus, la
peau de l'oiseau vaut jusqu'à 150 francs; la
plante de ses pieds sert à faire des semelles
de brodequins; et les nerfs, dédoublés, donnent un fil très résistant, propre à coudre le
cuir.

Comme il fallait laisser les chevaux se reposer avant de se remettre en marche, l'oncle
Marius et Numa prirent des fusils et s'éloignèrent pour chasser un peu.

Ils parcoururent un demi-kilomètre sans
réussir à faire lever le moindre gibier et sans
avoir l'occasion de tirer le moindre oiseau ;
puis ils arrivèrent au bord d'un étang, où ils
s'assirent pour prendre un peu de repos. Un
quart d'heure après, ils allaient repartir, lorsqu'ils entendirent le coin-coin particulier aux
canards.

— Eh, eh, fit l'oncle Marius, nous ne rentre-
rons peut-être pas bredouille. Un canard sauvage serait un excellent appoint pour notre
dîner. Tâchons de surprendre ceux qui s'ébat-
tent dans le voisinage.

Il s'arma de son fusil, et, suivi de Numa, se

dirigea dans la direction du bruit qu'avaient fait les volatiles. Les deux chasseurs avancèrent quelque temps, se dissimulant de leur mieux derrière les fourrés et les taillis.

Plus ils avançaient, plus les coins-coins devenaient distincts. Bientôt ils aperçurent la troupe joyeuse. Les canards étaient à cinquante mètres environ et volctaient près de l'eau. Ils étaient une quinzaine environ, qui se poursuivaient l'un l'autre, ne se doutant guère du danger qui les menaçait.

Numa et son oncle continuèrent à avancer, redoublant de précautions et évitant de faire le moindre bruit qui pût trahir leur présence. Quand ils ne furent plus qu'à une vingtaine de mètres de la compagnie, ils épaulèrent leurs fusils, et, à un signal que donna l'ingénieur, tirèrent simultanément. Les canards prirent leur vol, laissant l'un d'eux sur le terrain. Numa avait manqué son coup, mais M. Badourot junior avait visé juste.

Après cet exploit, les deux chasseurs reprirent le chemin du campement. Dès qu'elle les aperçut, Cornélie courut au-devant d'eux, et

s'empara de leur victime, qu'elle porta triom-
phalement à Léocadie.

On brida les chevaux et on repartit. Jean était
visiblement mal à l'aise sur sa selle et la servante se considérait à haute voix comme une
pauvre martyre.

— Ce n'est rien, lui dit l'oncle Marius; dans
trois jours, il n'y paraîtra plus.

— Mais, Monsieur, je sens mes jambes raides
comme des piquets.

— Eh bien, ce soir vous les frotterez avec
de l'huile avant de vous coucher, et elles repren-
dront toute leur souplesse.

— Je me souviendrai du remède, pensa Jean,
et je l'emploierai.

A la tombée de la nuit, nos amis se mirent à
la recherche d'un endroit favorable pour la
halte. Ils n'étaient plus qu'à quelques kilomètres
de Sakhamoudi; mais de même qu'ils n'avaient
pas voulu déjeuner dans une auberge, de même
ils prétendaient dîner et passer la nuit en rase
campagne.

Ils eurent bientôt découvert un emplacement
favorable; c'était, sur la gauche de la route, une

vaste prairie où se dressaient çà et là des bouquets d'arbres.

Kaddour et l'oncle Marius enfoncèrent dans le sol les piquets destinés à supporter la tente ; puis ils fixèrent la toile caoutchoutée à leurs extrémités.

Cette tente, de forme carrée et haute d'un peu plus de deux mètres, mesurait huit mètres sur chacun de ses côtés. Elle était divisée en quatre compartiments égaux. L'un de ces compartiments était le *salon;* le deuxième devait servir de chambre à coucher à l'oncle Marius et à Numa ; le troisième était affecté à Cornélie et à Léocadie ; et le quatrième était réservé à Kaddour et à Jean.

Le mobilier, cela va sans dire, était des plus simples. Dans chaque chambre à coucher, un tapis, deux lits, deux pliants et les objets de toilette indispensables. Dans le salon, une petite table, à laquelle on pourrait ajouter, quand on le jugerait à propos, un des tapis et les pliants affectés pendant la nuit aux autres pièces.

C'était rudimentaire, mais c'était suffisant. Les lits, s'ils manquaient de sommiers, avaient

toute la commodité et tout le confortable nécessaires. Chacun d'eux était composé d'une toile
rectangulaire attachée à chacun de ses angles
à un piquet fixé en terre et formant hamac;
sur cette toile on étendait un matelas en caout-
chouc, facile à empaqueter, léger de poids et
ne tenant pas de place, que l'on remplissait
d'air avant de s'en servir et où le corps enfonçait mollement.

Quant à Macache et aux chevaux, on les
avait attachés dans le voisinage de la tente, dans
un endroit abrité par les arbres contre le vent
et contre la pluie.

Lorsque l'installation fut complète et que les
animaux eurent été pansés, on songea aux préparatifs du dîner. Par malheur Léocadie souffrait terriblement et elle déclara péremptoirement qu'elle était incapable de s'acquitter de
ses fonctions.

Ce fut Kaddour qui se chargea de la remplacer.
Il eut vite plumé le canard sauvage tué quelques
heures auparavant, allumé le feu, disposé le
couvert sur le tapis étendu dans le salon. Jean
l'aidait de son mieux, mais il n'était guère en

meilleur état que la servante et se mouvait avec une désespérante lenteur.

— Je suis un peu fatigué, disait-il en manière d'excuse ; mais après une nuit de repos, il n'y paraîtra plus.

L'oncle Marius savait à quoi s'en tenir sur cette prétendue fatigue, mais il eut l'air d'y croire et émit même l'opinion qu'elle avait pour cause principale le changement d'air.

Au reste, Jean et Léocadie mangèrent du meilleur appétit du monde. Du canard, bien que la servante prétendît qu'il était dur comme du cuir, il ne resta absolument que les os.

— Dur ! fit Kaddour, pas surprenant. Animal avoir été tué aujourd'hui. Pas ma faute. Moi très bon cuisinier.

Après le repas, l'oncle Marius tira un carnet de sa poche et s'installa à la petite table du salon, où il écrivit, à la lueur de la lanterne qui remplaçait la lampe du cabinet de travail, la relation des incidents de la journée. Puis il consulta la carte géographique qu'il avait emportée pour se diriger à travers le pays.

— Nous avons fait aujourd'hui quarante-cinq

kilomètres, dit-il. Demain, si vous voulez, nous déjeunerons à Sakhamoudi, qui n'est qu'à huit kilomètres ; nous dînerons à Tablat, qui est à vingt-six kilomètres ; et nous camperons le soir un peu plus loin. De cette façon, nous arriverons à Aumale après-demain soir.

— Comment, observa Numa, est-ce que nous allons déjà abandonner notre projet de préparer nous-mêmes nos repas et de les prendre en plein air ?

— Non, il s'agit simplement d'une concession à faire à Léocadie et à ses jambes. Dès qu'elle sera remise, nous en reviendrons aux conditions préétablies.

Comme on voulait partir de bon matin le lendemain, on se coucha de bonne heure. Léocadie suivit le conseil de l'ingénieur et, avant de se mettre au lit, se livra à un frictionnement consciencieux. Jean en fit autant de son côté ; mais comme il ne voulait pas le laisser voir à Kaddour, dont il partageait la chambre, il attendit, pour procéder à l'opération, que l'Arabe fût endormi.

Malheureusement l'huile n'eut aucune efficacité; et lorsqu'au matin les deux domestiques s'éveillèrent, ils purent à peine se lever et marcher.

— Il m'est absolument impossible de remonter à cheval, déclara Léocadie à l'oncle Marius.

— Ta ra ta ta. Essayez.

— Non, j'aime mieux mourir tout de suite.

Et la malheureuse servante fondit en larmes.

— Allons, c'est bien, dit M. Badourot; puisqu'il en est ainsi, nous vous mettrons dans l'un des paniers de Macache.

— C'est que, fit Jean à son tour, je suis aussi bien abîmé.

Il avait l'air tout penaud et l'on sentait que cet aveu lui coûtait.

— Comment ! vous aussi ?

— Si Monsieur l'exige absolument, je remonterai à cheval ; mais j'avoue que j'aimerais mieux autre chose.

— Kaddour, dit l'oncle Marius, débarrassez les deux paniers de Macache et chargez-en le contenu sur le dos des chevaux de ces deux douillets.

Et il ajouta, désignant les deux domestiques :

— Monsieur voyagera dans le panier de droite et Mademoiselle, dans le panier de gauche.

Ainsi dit, ainsi fait. Et ce fut un coup d'œil pittoresque et hilarant, celui que présenta ce couple installé dans des sortes de chaises à porteurs d'un nouveau genre.

Après une heure de marche, les voyageurs aperçurent, à un demi-kilomètre environ de la grand'route, un village dont les maisons blanches apparaissaient gaies et proprettes sous les rayons du soleil.

— C'est Sakhamoudi, dit l'oncle Marius ; nous y ferons, suivant nos conventions, halte pour déjeuner.

Sakhamoudi est le point culminant de la route d'Alger à Aumale ; de là on domine des ravins dans lesquels périrent, en janvier 1848, des soldats du train, surpris par une tourmente de neige. Sur une grosse pierre qui se trouve à l'entrée de la ville sont gravés les noms du maréchal Bugeaud et du colonel Mollière, du 13e léger, qui bivouaquèrent, en 1847, à cet endroit, lors d'une expédition dans la Kabylie.

La population de Sakhamoudi est presque

exclusivement composée d'indigènes. Elle ne comprend guère qu'une cinquantaine de colons, anciens soldats qui, se trouvant bien du climat algérien, se sont établis là pour y vivre tranquilles en cultivant le sol.

Kaddour, dès que nos voyageurs arrivèrent à l'entrée de la ville, se mit en quête de la meilleure auberge de l'endroit.

— La meilleure et la plus mauvaise, ça ne fait qu'un, lui répondit-on ; il n'y en a qu'une, tenue par un ancien *zaoua* et portant pour enseigne : *au lapin sauté*.

Le nom de *zaoua* s'applique, en Algérie, à tous les montagnards berbères ; l'on donna autrefois aux soldats indigènes qui se recrutaient parmi les montagnards de la Kabylie le nom de *zouaves*, qui est devenu, en France, synonyme de bravoure.

Le contraste principal entre l'Arabe et le Kabyle, c'est que le premier se complait dans la vie pastorale, tandis que le montagnard berbère vit dans une demeure fixe à côté de son champ. Le paysan kabyle aime la terre avec la même passion que le paysan français ; grâce à son travail, les escarpements jadis incultes, couverts de pierres et de ronces, se sont revêtus d'oliviers et de plantes comestibles.

« Que deviendrai-je? s'écrie la terre dans une légende des Kabyles, — que deviendrai-je si les hommes me quittent? Faudra-t-il que je retourne à mon état primitif et que je redevienne le repaire des animaux féroces? »

Le fractionnement de la propriété est si grand que les arbres mêmes sont partagés : tel olivier a plusieurs propriétaires ; chacun de ceux-ci possède sa branche et fait sa récolte.

Les Kabyles du Djurjura sont aussi d'excellents industriels, fort habiles entre autres choses à pétrir de beaux vases et à tisser de riches étoffes.

Les voyageurs se rendirent donc *au lapin sauté*, où ils déjeunèrent tant bien que mal, plutôt mal que bien, malgré les efforts de l'aubergiste, qui, heureux de voir des compatriotes, avait fait de son mieux pour les contenter. Puis ils visitèrent la localité, ce qui ne leur demanda guère que quelques minutes, se reposèrent quelques instants, et repartirent.

A cinq heures du soir, ils étaient à Tablat, dont l'antiquité est constatée par des inscriptions romaines encore lisibles sur les vestiges de quelques monuments.

A Tablat, autrefois *Tablata*, les auberges ne manquent pas. La ville n'a que 1 600 habitants, mais la civilisation y a pénétré sous toutes ses formes. On peut y dîner à l'européenne et un tailleur français se charge d'y habiller ses clients aux dernières modes parisiennes... d'il y a dix ans.

Malgré la promesse alléchante de bons lits, la petite troupe résista aux sollicitations pressantes de l'aubergiste, qui les invita à passer la nuit chez lui, et, fidèle à son programme, alla camper à quelques kilomètres.

Le lendemain matin, elle repartit pour Aumale, où elle arriva à bon port. Jean déclarait qu'il ne restait presque plus rien de ses fatigues de la veille et qu'un bain allait achever de le remettre ; Léocadie elle-même ne gémissait plus qu'avec modération.

Malgré l'exiguïté de son circuit, Aumale est une ville pleine d'intérêts. C'est l'*Auzia* des Romains. Sa principale rue, qui la traverse dans toute sa longueur, n'a pas moins d'un kilomètre. Elle est entourée d'un mur crénelé percé de quatre portes, — les portes d'Alger, de Bou-Sâda, de Sétif et de Médéa. Au centre, on a planté un magnifique jardin public.

Comme il se l'était promis, Jean se rendit à un établissement de bains, où il s'offrit le luxe d'un véritable bain maure. Kaddour l'accompagna, afin de lui servir d'interprète.

— C'est très drôle, dit-il à Léocadie, quand il l'eut rejointe, ses ablutions terminées. Après avoir franchi un vestibule où sommeillaient quelques Arabes, j'ai soulevé un rideau et je suis entré dans une vaste salle, servant à la fois de vestiaire et de dortoir, et ornée de colonnes de marbre, de glaces et de fontaines.

« Plusieurs Arabes, enveloppés de longs peignoirs blancs, étaient couchés et dormaient. Le chef de l'établissement, indolemment étendu sur une pile de coussins, m'a fait signe d'approcher; je lui ai payé le prix de mon bain, puis un nègre m'a conduit à la place que je devais occuper, m'a dépouillé de mes vêtements qu'il a rangés sur une planche, m'a passé un caleçon, m'a mis un voile sur la tête et des sandales aux pieds, et m'a introduit dans une salle voisine, espèce de rotonde pavée de marbre et d'ardoise, où des bouches de vapeur envoyaient et entretenaient une température plus que sénégalienne.

« La première impression que j'ai éprouvée a été, je l'avoue, fort désagréable. Je suffoquais dans l'épaisse et étouffante buée qui régnait. Toutefois je me laissai entraîner par le nègre qui me servait et j'allai m'asseoir sur le pavé brûlant.

« Je m'habituai vite à l'atmosphère où j'étais et je regardai curieusement autour de moi les baigneurs étendus par terre : des serviteurs indigènes, vêtus d'un simple cotillon, s'agitaient autour d'eux, les frottant, les nettoyant, pétrissant leurs membres, faisant craquer leurs articulations, — ressemblant, avec leur tête rasée, leur peau luisante, leurs dents blanches et leurs yeux étincelants, à une légion de diablotins. Dans leurs mouvements désordonnés, l'unique mèche de cheveux qu'ils gardent sur le crâne s'agite comme un serpent...

— Ah ! oui, une jolie mode que cette mèche !

S'ils se trouvent beaux comme ça, ils peuvent se flatter d'avoir un fier mauvais goût!

— Peut-être trouvent-ils nos modes européennes plus ridicules encore que nous ne trouvons les leurs; du reste, leur coiffure n'est pas une question de mode, paraît-il, mais bien une question de religion. C'est, disent-ils, par cette mèche qu'au moment de leur mort Mahomet doit les saisir pour les porter dans le ciel.

— S'il est permis d'être à ce point superstitieux et ridicule!...

— Que voulez-vous, Léocadie, ces pauvres gens ne peuvent pas être aussi civilisés et aussi instruits que nous autres Marseillais. Un jour, sans doute, quand l'instruction sera obligatoire en Algérie comme elle l'est en France... Mais ces questions de haute philosophie ne vous intéressent guère sans doute et je reviens à mes moutons.

« Je suais à grosses gouttes, j'étais littéralement en nage. Soudain deux Arabes m'ont saisi, m'ont étendu brusquement et m'ont, non pas frictionné, mais étrillé de leurs mains couvertes de gants en poil de chameau. Ils me tiraient bras et jambes comme s'ils avaient voulu me les arracher; pour que mes os aient résisté à leurs efforts, il faut qu'ils soient d'une fameuse solidité.

— Mais vous deviez souffrir horriblement.

— Eh bien, non. J'ai éprouvé de l'inquiétude, mais je n'ai pas ressenti de réelle douleur physique, et je croirais volontiers que lorsqu'on a l'habitude de ces sortes de massages, on prend plaisir à s'y livrer. Ce n'est là, du reste, que la première partie du bain. Quand j'ai été bien pétri, tourné, retourné, désarticulé, les nègres ont saisi une poignée d'étoupes et m'ont inondé d'une eau tiède dont le contact m'a procuré une délicieuse sensation.

« Bien nettoyé et bien épongé, j'ai été emmailloté comme un bébé et transporté sans secousse dans la première salle, sur un lit de repos, au-dessous de la planche où étaient déposés mes habits. On m'a offert une tasse de café que j'ai bue volontiers et une longue pipe de fin tabac que j'ai fumée avec plaisir. Mais bientôt je ne sais quels parfums dont ma couchette était imprégnée ont agi sur moi et je me suis endormi. A mon réveil, j'étais léger et dispos et me voici maintenant tout ragaillardi.

— Eh bien, ce n'est pas moi qui prendrai jamais un bain semblable. Une confortable baignoire, dans laquelle on fait couler la quantité d'eau que l'on veut, et à laquelle on donne la température qui plaît le mieux, voilà ce que je comprends.

— Eh, eh, notre bain français est sûrement fort agréable; mais croyez-moi, Léocadie, le bain arabe a du bon.

CHAPITRE V

Au pied des Biban.

— Maintenant, dit l'oncle Marius, au moment du départ d'Aumale, nous allons nous engager dans un pays absolument sauvage. Jusqu'à Sétif, qui sera la prochaine ville de quelque importance où nous nous arrêterons, nous longerons la chaîne des Biban, où j'aurai à faire, sur quelques points, des recherches minéralogiques ; nous passerons par le célèbre défilé des *Portes de fer*, franchi pour la première fois en 1839 par l'armée française sous la conduite du maréchal Vallée et du duc d'Orléans, et dont l'aspect pittoresque est reproduit dans l'un des plus célèbres tableaux d'Horace Vernet.

Comme complément des indications fournies par l'oncle Marius, il convient de mentionner ici que l'on a tort de désigner en France les Portes de fer par le mot *Bibans;* le mot exact est *Bibân* (sans S), pluriel arabe de *Bab*, qui signifie porte, ou bien passage creusé dans les roches par un torrent.

C'est dans les défilés des Portes de fer que les soldats français, voyant, une nuit d'alerte, Bugeaud sortir de sa tente en bonnet de coton, coururent aux armes en chantant le refrain devenu depuis populaire :

> As-tu vu la casquette, la casquette,
> As-tu vu la casquette au père Bugeaud ?

— Sur tout notre parcours, poursuivit M. Badourot, il est plus que probable que nous ne rencontrerons pas un seul Français et pas un seul village. Dans ces contrées abruptes, les tribus sont nomades ; sans cesse en mouvement, elles emportent avec elles tout ce qu'elles possèdent et campent là où leur fantaisie les retient pour quelques jours. Leurs membres sont tous pauvres ; en dehors de quelques troupeaux, qui se nourrissent comme ils peuvent d'herbes broutées en chemin, ils ne tiennent qu'à une chose, — leur liberté. Pour retrouver une poule, un Arabe ferait le tour de l'Algérie, dit un proverbe du pays, faisant allusion à la facilité avec laquelle les Arabes se déplacent. Leur ennemi, c'est le lion, qui pénètre fréquemment la nuit dans leurs douars (campements) et leur enlève quelque brebis.

— Il y a donc beaucoup de lions dans les Biban ? demanda Numa.

— Beaucoup.

Léocadie, qui avait entendu la question et la réponse, sentit un frisson lui parcourir tous les membres. Jean examina son armement, — cet armement dont il s'était affublé à Alger et dont il n'avait pas voulu se séparer depuis.

— Alors, nous aurons l'occasion de chasser ? poursuivit Numa.

— L'occasion, oui; mais le lion est un animal terrible, avec lequel il convient de ne se mesurer qu'avec une extrême prudence. De plus, outre qu'il est d'un abord dangereux, il ne se laisse pas facilement approcher. On ne le rencontre guère que par surprise ou après avoir longtemps suivi sa trace. Le tueur de lions doit être doué d'une énergie, d'une patience et d'un tempérament à toute épreuve; il faut qu'il connaisse le féroce animal, ses passées et ses repaires, comme un chasseur de nos campagnes connaît les habitudes et le gîte du lièvre qu'il se réserve pour quelque fête de famille. Vous avez à Marseille, dans votre bibliothèque, quelques-uns des livres que le fameux Jules Gérard a publiés sur ce sujet; après lui, personne n'a été jaloux de sa gloire au point de vouloir l'égaler.

— Le fait est, observa Cornélie, que le métier de chasseur de lions n'a rien de particulièrement engageant.

— Si, paraît-il, pour les hommes chez qui dominent la bravoure et l'amour des fortes émotions. J'ai connu un dompteur qui, en dehors des représentations qu'il donnait au public, entrait souvent dans la cage de ses bêtes fauves, alors qu'il n'avait, pour l'engager à risquer sa vie, ni l'appât d'une forte recette ni la perspective d'applaudissements à recueillir. L'exercice du courage avait pour lui un attrait auquel il ne résistait pas.

— Oui, interrompit Kaddour, mais vos lions de ménagerie ressembler un peu à des lions de carton.

— Pas précisément. Quoique avachis par la servitude, ils sont encore redoutables et leurs rugissements n'ont rien de rassurant.

—Leurs rugissements... ce n'est rien à côté du *raad* (tonnerre) des lions sauvages. Moi avoir vu à Alger des ménageries. Les animaux étaient doux comme des moutons.

Kaddour exagérait sans doute un peu ; mais il faut le reconnaître, le lion mis en cage est loin d'avoir la férocité du lion libre. Comme disent les Arabes, *le lion enlève le sommeil des yeux*, tant il rend la vie dure aux populations. Lors même qu'il ne tombe pas, la nuit, au milieu des tentes d'un *douar*, terrifiant bêtes et gens, et emportant, au milieu d'un indescriptible tohu-bohu, la vache ou le mouton de son choix, ses rugissements, à dix ou douze kilomètres à la ronde, tiennent les tribus dans l'effroi le plus réel. Le lion, suivant un proverbe africain, *rugit dans le ventre de celui qui l'entend.*

Le roi du désert a une existence moyenne de trente-cinq ans. Il consomme annuellement pour environ six mille francs de bétail. Chaque lion qui arrive au terme normal de son existence a donc coûté aux Arabes un peu plus de deux cent mille francs.

Dans les pays qu'ils honorent de leur présence, les lions ont en général chacun leur rayon, leur domaine pour ainsi dire particulier. Rarement ils se font la guerre entre eux. Quelquefois ils s'associent pour quelque grande expédition. Ils attaquent rarement l'homme au début de leur carrière ; mais une fois qu'ils ont goûté de sa chair, ils lui accordent une préférence des plus flatteuses pour notre espèce.

Cependant le lion est indubitablement sensible aux prières et aux reproches. Quand un arabe, homme ou femme, mal armé pour l'attaque ou la défense, ne peut éviter sa ren-

contre, il va à lui en l'implorant ou en le mena-
çant.

Le général Margueritte, qui a longtemps
commandé en Algérie, a assisté à un fait de ce
genre. Une nuit, il dormait dans un douar où il
avait reçu l'hospitalité, lorsque soudain un
lion bondit en rugissant au milieu du campement. A cette subite agression, à cette voix formidable, un irrésistible mouvement d'effroi
s'empare des gens et des bêtes : chevaux, bœufs,
moutons, chiens se ruèrent sous les tentes pour
y chercher refuge, et foulèrent aux pieds
hommes, femmes et enfants.

« Pendant un bon moment — un mauvais
moment, plutôt — ce fut un pêle-mêle tour-
billonnant duquel sortaient des pleurs, des
lamentations, des bêlements et des aboiements
à rendre sourd pour la vie. Le lion n'avait mis
que quelques secondes à commettre son larcin
et s'élancer avec sa brebis en dehors du douar.
Soudain trois femmes s'armèrent à la hâte de
tisons encore embrasés et coururent sur les
traces du ravisseur, en lui criant :

—O trahisseur des musulmans, tu te couvres

de honte en prenant le bien des femmes et des orphelins. Laisse-nous notre brebis, pour l'amour de Dieu. Va dérober chez les puissants ; les sultans ne font la guerre qu'aux sultans.

Le lion se laissa toucher par ce discours et abandonna sa proie.

D'autres fois, le discours est différent.

— Le voilà donc, ce voleur, ce fils de chien ! lui crie l'Arabe. Ne voudrais-tu pas m'effrayer ? Ne sais-tu pas que je suis un tel, fils d'un tel, et que je n'ai jamais reculé ?

Et dans ce cas, affirment les indigènes, la honte s'empare généralement du lion, qui s'éloigne au plus vite. L'animal ne rugit plus, il rougit.

— Moi connaître à Bordj-bou-Areridj, qui est sur notre route, un fameux tueur de lions, dit Kaddour. Si vous désirer avoir l'émotion d'une chasse, lui sans doute vous la procurer facilement. Impossible de trouver un homme plus intrépide. Lui ne jamais menacer ni implorer les lions et les panthères, mais les tuer très proprement.

— Et il s'appelle ?

— El-Moktar. Lui se servir d'un procédé très simple : suivre la trace de l'animal sur le sol détrempé par la pluie ou couvert de neige, l'aborder dans son repaire, et là, à la distance de quelques pas, lui envoyer avec un vieux fusil une balle sûre. Le lion tomber invariablement pour ne plus se relever.

Dès que nos amis furent parvenus à quelques kilomètres d'Aumale, ils durent, pour arriver au point où l'oncle Marius avait à se livrer à ses travaux d'ingénieur, s'engager dans des terrains incultes, constamment accidentés, et où quelques sentiers à peine indiqués tenaient lieu de routes. Il fallait avancer lentement et avec précautions ; et des chevaux aux pieds moins solides que les arabes de la petite troupe fussent certainement tombés plusieurs fois.

Mais plus on avançait, plus nos cavaliers s'aguerrissaient contre les difficultés du voyage. Jean, qui était remonté sur son cheval, prétendait être aussi solide en selle que s'il eût pris pendant dix ans des leçons d'équitation ; et Léocadie elle-même avait abandonné son panier pour reprendre la cravache de l'amazone.

Pendant cette partie du trajet, les incidents furent rares. Tout se bornait à la rencontre de quelque oiseau, que l'on tuait, si l'on pouvait, pour l'ajouter au menu des repas.

Toutefois nos voyageurs n'eurent pas à se plaindre de l'absence d'émotion. Les sites pittoresques et sauvages qu'ils traversaient occupaient constamment leur attention et satisfaisaient leur curiosité sans cesse en éveil. Tantôt ils avançaient sur le bord d'un précipice où des torrents, descendus le long du flanc de la montagne qu'ils ravinaient, se précipitaient en tourbillons mugissants et écumants; tantôt ils s'enfonçaient dans quelque gorge abrupte, entre des rochers aux contours fantastiques, d'où s'envolaient sur leur passage toutes sortes d'oiseaux inconnus en Europe. Puis c'était, dans cette nature vierge, une nappe de verdure avec quelques arbres séculaires, qui leur apparaissait comme une oasis dans le désert, et où ils faisaient halte pour prendre leur repas ou pour camper.

Ils contournèrent une forêt dont les arbres énormes avaient des branches rugueuses, enchevêtrées les unes dans les autres avec une singulière bizarrerie.

— Est-ce que ce sont là des chênes ou des caroubiers? demanda Cornélie à son oncle.

— Ni l'un ni l'autre. Ce sont des chênes-lièges.

— Des chênes-lièges?...

— Oui, ce qu'on appelle liège n'est pas autre chose que l'écorce des arbres que vous voyez. La récolte se fait au printemps. On commence par marquer la place du tronc que l'on veut dépouiller; puis on pratique avec une espèce de serpette une incision sur le périmètre de la surface à enlever. Il ne reste plus qu'à chauffer l'écorce ainsi délimitée; elle se détache facilement et on l'aplanit en la faisant sécher pendant quelque temps sous une presse.

— Et c'est avec le liège ainsi récolté que l'on fabrique les bouchons? dit Numa.

— Oui, et l'on ne connaît jusqu'à présent rien qui puisse le remplacer pour cet usage. Ce n'est, du reste, pas là son seul emploi; on s'en sert encore pour faire des semelles que l'on met dans les chaussures pour les garantir de l'humidité ; on en garnit aussi les filets de pêche.

Cinq jours après le départ d'Aumale, l'oncle Marius annonça que l'on approchait de l'emplacement où il devait s'arrêter pour procéder à ses investigations minéralogiques. La troupe avait constamment suivi un itinéraire indiqué sur les cartes géographiques qui avaient été remises à l'ingénieur par ses chefs; et si le gisement du minerai de cuivre existait réellement, il ne pouvait être loin.

Vers midi, en effet, M. Badourot junior déclara que l'on se trouvait sur l'emplacement qu'on lui avait désigné.

C'était à Alger, où il était de passage au cours d'un voyage d'agrément, qu'un des membres du conseil d'administration de la compagnie minière avait entendu parler par des indigènes de la probabilité de gisements importants dans cet endroit. Il avait longuement causé avec les narrateurs du sujet de leurs suppositions, il avait pris note de leurs assertions, et il s'était fait donner une description exacte des lieux.

— Du reste, lui avait-on dit, cet endroit n'est pas le seul où nous soyons persuadés qu'il existe de grandes quantités de minerai de cuivre. Il doit, si nos suppositions sont correctes, y en avoir d'autres sur le versant méridional des Oulad-Kebbab, à un point que nous pouvons vous indiquer.

Le Marseillais n'avait eu garde de laisser tomber dans l'eau des renseignements aussi précieux. Il avait noté avec soin et aussi précisément que possible toutes les indications qui lui avaient été fournies; et c'était sur les données rapportées par lui que la compagnie dont il était membre avait décidé d'envoyer M. Badourot junior explorer les parages signalés.

Le site avait une majesté que la solitude rendait plus imposante encore.

Dans ces lieux inhabités, où la nature n'avait nul témoin qui en admirât la beauté, nul travailleur qui en exploitât la richesse, on pouvait se croire à mille lieues du monde connu et civilisé. Là, le sol restait inculte et improductif, sans une route qui le sillonnât, sans même un sentier qui indiquât son chemin au voyageur.

Ce fut au pied d'un énorme rocher que l'oncle Marius établit sa tente et parqua Macache et les chevaux. Et quand l'installation fut complète, il commença, sans perdre de temps, son exploration.

Kaddour et Numa l'accompagnaient. Ils s'éloignèrent tous trois, leurs fusils en bandoulière et munis de gros bâtons à crochets de fer, l'arabe portant en outre la boîte d'instruments d'ingénieur de son maître.

D'après les notes qu'on lui avait remises, c'était dans une anfractuosité du rocher qu'il fallait chercher le gisement. Cette anfractuosité, où les indigènes qui avaient fourni les indications avaient passé une nuit, se trouvait à une vingtaine de mètres au-dessus de l'endroit où la petite troupe avait établi son campement.

L'oncle Marius chercha à la reconnaître, mais une difficulté se présentait : le rocher avait un grand nombre de cavités, dont plusieurs répondaient à la description de celle qui lui avait été désignée.

Laquelle choisir ? Le trou, avaient dit les Arabes, offrait une ouverture à peu près circulaire d'un diamètre de quatre mètres environ ;

or l'ingénieur compta cinq trous circulaires du diamètre indiqué.

La question était embarrassante. Mais l'oncle Marius n'était pas homme à rester longtemps perplexe devant une résolution à prendre, et il eut vite décidé que l'on pénétrerait successivement dans chacune des cinq cavités.

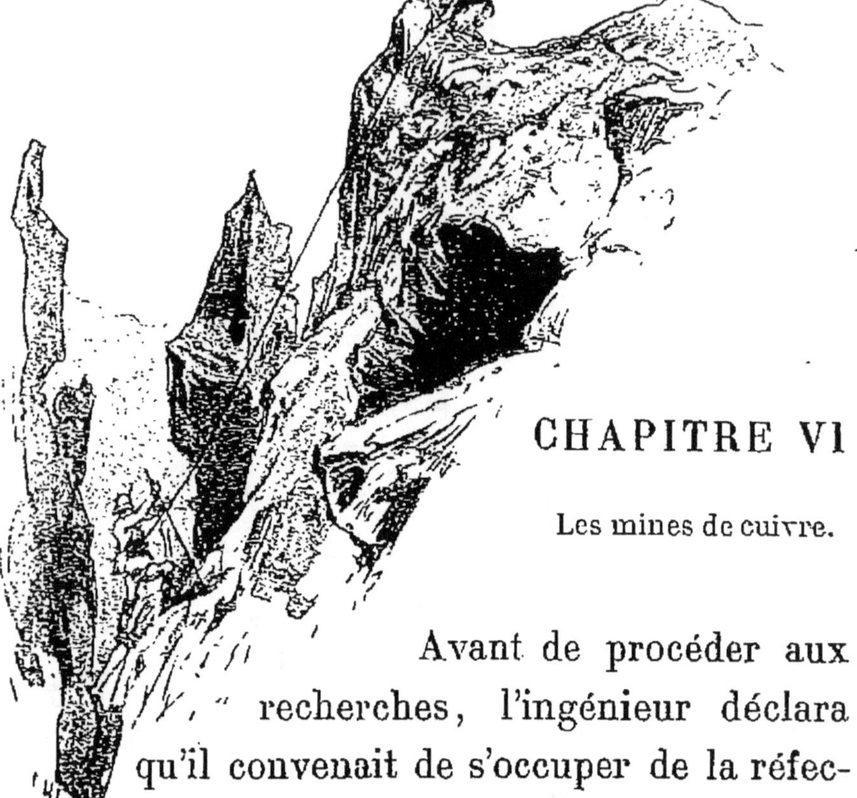

CHAPITRE VI

Les mines de cuivre.

Avant de procéder aux recherches, l'ingénieur déclara qu'il convenait de s'occuper de la réfection des forces physiques par l'absorption d'un repas substantiel.

— On est mal disposé pour le travail quand on a l'estomac vide, dit-il. L'esprit n'est bien équilibré que lorsque le corps est libre de tout besoin. *Ergo*, allons déjeuner.

Les grottes dans lesquelles il fallait pénétrer étaient d'un accès difficile. L'administration des ponts et chaussées avait négligé de construire une route qui conduisît jusqu'à leur orifice ; il n'existait pas même de sentier qui en permît l'abord.

La première dans laquelle l'oncle Marius décida que l'on entrerait ouvrait à pic dans le vide par un trou qu'entouraient des roches aux dessins capricieux, où il fallait craindre que le pied ne glissât et que les points d'appui ne fissent défaut. On pouvait, il est vrai, arriver aisément à gauche et à droite, à la hauteur du trou ; mais il fallait ensuite franchir ces malencontreuses roches, qui s'étendaient de chaque côté sur une longueur d'une dizaine de mètres.

Pour éviter tout danger, il fut convenu que Kaddour monterait sur un entablement situé à une dizaine de mètres au-dessus de la caverne et qu'il fixerait là, à une pointe de roche, une longue corde à l'extrémité de laquelle on s'attacherait pour gagner l'entrée de la grotte sans courir le risque d'une dégringolade.

— Excès de prudence ne nuit jamais, disait M. Badourot. Une chute de vingt mètres n'a rien de particulièrement séduisant et l'on ne saurait trop se prémunir contre son éventualité.

Quand la corde eut été solidement nouée par Kaddour à la tête d'un bloc de pierre, l'ingénieur en enroula le bout qui pendait autour de sa ceinture, et, s'aidant de son bâton ferré, s'avança le long des roches aux aspérités anguleuses.

— Eh, eh, pensait-il chemin faisant, on aurait facilement le vertige à pareille hauteur, et une chèvre elle-même hésiterait sans doute à se risquer dans ces périlleux parages.

Mais grâce à la corde qui devait le retenir en cas de faux pas, la situation n'avait rien qui pût l'effrayer, et il arriva sans encombre à l'entrée de la caverne.

Kaddour tira alors la corde à lui et en jeta l'extrémité inférieure à Numa, qui attendait son tour de franchir les roches.

— Attache-toi solidement et sois prudent, lui cria l'ingénieur.

— Soyez tranquille, mon oncle, répondit l'enfant ; je n'ai pas peur.

Il avança bravement, nullement ému, considérant avec sang-froid le sol qui s'étendait à vingt mètres au-dessous de lui.

— Très bien ! lui dit l'ingénieur quand il fut arrivé près de lui ; tu as fait preuve de sang-froid et de courage ; ce sont là deux qualités indispensables dans la vie et tu ne saurais trop t'exercer à les pratiquer.

Soudain un bruit se fit entendre juste au-dessus de M. Badourot junior et de son neveu. Ils virent Kaddour qui, agile comme un chat et nerveux comme un gymnaste de profession, descendait à la force des poignets le long de la corde, ses jarrets tendus contre la paroi verticale du rocher, afin d'éviter que son corps ne se blessât au frottement de ses aspérités. Il était suspendu dans le vide et l'on pouvait dire que sa vie ne tenait qu'à un fil. Qu'il commît la moindre maladresse ou que la tête lui tournât, il dégringolait dans l'espace et se brisait en arrivant au bas de la montagne.

Mais sans doute il était sûr de lui, car il paraissait aussi à son aise que s'il eût marché sur une route. Il prit pied, calme et flegmatique, dans l'ouverture de la grotte, n'imaginant pas qu'il y eût rien de remarquable dans l'exploit qu'il venait d'accomplir.

— Malheureux! quelle imprudence! fit l'oncle Marius, que l'émotion avait rendu un peu pâle. Pourquoi n'avez-vous pas suivi le même chemin que nous?

— Trop long. Moi avoir préféré la ligne droite.

— Mais vous pouviez vous tuer!

— Oh! non. Moi habitué à ces sortes d'exercices.

Les trois explorateurs pénétrèrent dans l'intérieur de la grotte. C'était un large boyau dont on n'apercevait pas la fin. Les parois en étaient rocailleuses. Sur le passage des visiteurs, des oiseaux s'échappaient en criant des nids qu'ils s'étaient construits dans les interstices des pierres.

Après avoir marché quelque temps, l'obscurité obligea l'oncle Marius à allumer une petite lampe à essence dont il avait eu le soin de se munir. Au fur et à mesure que l'on avançait, les parois de la caverne devenaient moins pierreuses. L'ingénieur commença à les examiner avec un soin particulier. Bientôt le boyau se rétrécit et des gouttelettes d'eau tombèrent du plafond. Nos amis avaient traversé le rocher et pénétraient maintenant dans les entrailles mêmes de la montagne.

Soudain M. Badourot junior, qui était en tête, cria : halte ! Il se baissa, regarda attentivement le sol, et ajouta :

— Voici du minerai !

Il promena sa lampe dans tous les sens.

— Ici, continua-t-il, le gisement me paraît être homogène. Il nous suffira donc d'emporter une petite quantité de minerai pour apprécier sa richesse.

Il tira de sa boîte d'ingénieur un sac qu'il remplit du terrain qu'il se proposait d'analyser, et le passa en bandoulière.

— Poussons plus avant ; peut-être ne sommes-nous pas au bout de nos découvertes.

Mais après quelques minutes de marche, les explorateurs arrivèrent à l'extrémité du boyau sans avoir trouvé de nouveau minerai. Ils rebroussèrent chemin, reprirent, pour sortir de la caverne, les précautions auxquelles ils avaient eu recours pour y entrer sans danger (Kaddour lui-même consentit, sur les instances de l'oncle Marius, à se servir de la

Il promena sa lanterne dans tous les sens. (Page 98.)

corde tutélaire) et regagnèrent leur campement.

— Eh bien, demanda Cornélie, avez-vous découvert la mine?

— Nous avons découvert une mine, répondit M. Badourot; mais peut-être y en a-t-il, dans les grottes qu'il nous reste à explorer, d'autres plus riches et plus importantes. La suite de nos recherches nous apprendra ce qu'il en est. En attendant, je vais examiner si les échantillons que je rapporte renferment une proportion de cuivre suffisante pour que l'exploitation du gisement promette des bénéfices raisonnables. Si le filon que nous avons trouvé renferme au moins vingt pour cent de métal, il y aura lieu de procéder à son extraction; s'il n'en est pas ainsi, les difficultés et les dépenses que comporterait l'exploitation seraient telles qu'il faudrait y renoncer.

— Et comment allez-vous vous y prendre pour vous rendre compte de la richesse du minerai? interrogea Numa.

— Je vais avoir recours à une opération chimique des plus simples. Le terreau que nous avons recueilli contient, comme j'ai pu le reconnaître à une simple inspection, du sulfure double de cuivre et de fer, connu dans l'industrie sous les noms de chalkopyrite et de pyrite cuivreuse. J'ai emporté avec moi une petite provision d'eau régale ; je vais traiter la pyrite par cet acide et j'obtiendrai un sulfate double de fer et de cuivre, qui est soluble dans l'eau. Je plongerai ensuite du fer dans la solution et il se formera une pile où tout le cuivre viendra se déposer. Il ne me restera plus alors qu'à établir la proportion entre le poids du cuivre ainsi extrait et le poids du minerai employé.

— Mais, mon oncle, fit Numa, le procédé que vous venez de nous expliquer ne ressemble pas du tout, si je ne me trompe, à celui que, d'après les livres de chimie que j'ai étudiés, l'on emploie pour extraire le cuivre des pyrites.

— C'est vrai, mon ami. La méthode dont je vais me servir convient pour une analyse, mais son usage serait trop coûteux, dans l'industrie, et son application serait d'ailleurs impraticable pour traiter de grosses masses de minerai. Dans les usines où l'extraction du cuivre est pratiquée en grand, on soumet la pyrite à des grillages successifs dans des fourneaux à réverbères, après l'avoir mêlée à des matières dont l'action la débarrasse des corps étrangers. Seulement, comme je ne pouvais guère emporter un fourneau à réverbère, à cause de l'encombrement et des difficultés que nous auraient créés son volume et son poids, force m'est de recourir à l'opération que je t'ai décrite tout à l'heure. Si tu veux assister à l'expérience, tu verras qu'elle est très simple et conduit rapidement à un résultat d'une indubitable exactitude.

Numa n'eut garde de décliner l'invitation; et Cornélie et les domestiques demandèrent et obtinrent la permission de se joindre à lui.

L'opération suivit exactement la marche qu'avait indiquée l'ingénieur; aucun incident ne l'accompagna, si ce n'est qu'une éclaboussure d'acide rejaillit sur la robe de Léocadie, où elle fit un large trou.

— Hélas, mon Dieu! s'écria la servante, voici ma jupe perdue!

— Bah! dit l'oncle Marius, ce n'est rien. Vous mettrez une pièce, et comme vous êtes aussi habile à manier l'aiguille qu'à préparer la bouillabaisse et l'ailloli, il n'y paraîtra pas. Estimez-vous heureuse que l'acide ait rejailli sur votre costume; s'il vous avait atteinte à la figure ou aux mains, il vous aurait brûlée tout comme il a brûlé votre robe, et ce serait une bien autre affaire.

Quand l'ingénieur eut terminé son expérience et dosé le cuivre, il hocha la tête et se gratta l'oreille.

— Vous n'avez pas l'air satisfait, mon oncle, dit Numa.

— C'est que le résultat auquel je suis parvenu est peu favorable. Le minerai ne contient pas plus de 13 pour 100 de cuivre.

— De sorte qu'il n'est pas propre à l'exploitation industrielle?

— Hélas, non. Toutefois il est possible que nous rencontrions dans les autres grottes des gisements plus riches. Nous verrons.

Le lendemain et les jours suivants, M. Badourot junior explora, en effet, les autres cavernes et recueillit de nouveaux minerais. Mais l'analyse à laquelle il les soumit ne donna pas un résultat plus satisfaisant : le percentage de cuivre était, dans le cas le plus favorable, de 17 pour 100 seulement.

L'ingénieur rédigea, avec toute la conscience et tout le soin dont il était capable, l'exposé des recherches auxquelles il s'était livré et des résultats qu'il avait obtenus.

— La Compagnie en fera ce qu'elle voudra, dit-il ; mais si elle suit mes conseils, elle se gardera bien d'entreprendre une exploitation qui lui coûterait sans aucun doute beaucoup plus qu'elle ne lui rapporterait.

Les investigations terminées, la petite troupe se remit en marche et arriva sans incident à Bordj-bou-Aréridj.

CHAPITRE VII

El-Moktar. — Une audacieuse tentative.

Bordj-bou-Aréridj est une petite ville de 2,500 habitants, qui fut créée en 1841 par le général Négrier. Elle est bâtie sur un plateau situé à 900 mètres d'altitude. Lors de l'insurrection de 1871, les indigènes révoltés contre la domination française en firent le siège et la détruisirent. Depuis cette époque, elle s'est relevée de ses ruines et sa population trouve dans la culture des terrains environnants de quoi suffire amplement à ses besoins.

Pour mieux se reposer des fatigues des jours précédents, nos amis, au lieu de camper, élirent domicile dans la meilleure auberge de la ville, dont le propriétaire leur donna les chambres les plus logeables.

Après une nuit passée dans un lit garni d'une bonne paillasse et d'épais matelas, chacun se leva frais et dispos.

— C'est ici qu'habite El-Moktar? dit l'oncle Marius à Kaddour, comme le déjeuner touchait à sa fin.

— Oui, maître.

— Tâchez de le retrouver et amenez-le-moi.

L'Arabe sortit pour exécuter la commission et revint bientôt.

— Eh bien?

— Eh bien, El-Moktar être maintenant dans un douar, à 25 kilomètres de la ville.

— Dans quelle direction?

— Dans la direction de Sétif.

— C'est-à-dire sur la route que nous allons suivre?

— Oui, maître.

— Il faudra tâcher de le rencontrer.

La journée fut employée au ravitaillement. Quant à des excursions, il n'y en avait aucune qui offrît un réel intérêt ; le seul emplacement digne d'une mention était une place de Bordj-bou-Aréridj, où s'élève, en face d'un fortin, une petite pyramide en marbre blanc, sur le socle de laquelle sont inscrits les noms des victimes du siège de 1871.

Le soir, l'oncle Marius écrivit deux lettres, l'une à son frère, l'autre au directeur de sa Compagnie. Dans la première, il donnait à M. Badourot senior une relation résumée de la partie déjà effectuée du voyage ; dans la seconde il rendait compte à son chef des résultats que sa mission avait eus jusqu'alors. A son courrier, Numa et Cornélie joignirent le leur.

« Rien de plus intéressant que la vie que nous menons, disait Numa à son père. Ici rien ne ressemble à Marseille ; nous sommes comme des gens qui auraient perdu leur patrie, mais qui sauraient qu'ils la retrouveront quand il leur plaira. Les incidents se succèdent, nombreux et sans cesse différents, fournissant ample pâture à la curiosité et à l'émotion. C'est très drôle et très amusant. »

De son côté, Cornélie avait répandu dans son style un parfum de poésie tel qu'à le lire on aurait pu croire qu'elle avait pris le Biban pour le Parnasse. Elle décrivait longuement à son père les pittoresques paysages qu'elle avait traversés, le ciel bleu et transparent, la végétation puissante et grandiose.

Les deux domestiques avaient également voulu envoyer à Marseille un résumé de leurs impressions et de leurs faits et gestes ; mais autant l'un déployait d'enthousiasme, autant l'autre se répandait en lamentations.

Jean rédigea pour sa famille une épître qui n'avait pas moins de seize pages, — un véritable chef-d'œuvre digne de passer à la postérité, pensait-il. La France, d'après lui, n'était que de la Saint-Jean comparée à l'Algérie ; et Marseille, malgré sa Cannebière, était enfoncée jusqu'au troisième dessous par la Casbah d'Alger. D'ailleurs la vie nomade qu'il menait ressemblait à une épopée ; c'était une admirable matière à mettre en vers latins — ou grecs (malheureusement Jean et sa famille ne savaient ni le latin ni le grec, et le brave domestique en était, vu cette ignorance déplorable, réduit à se servir de la langue française, maudissant peut-être sa pauvreté, mais à coup sûr maltraitant fort son orthographe et sa syntaxe). Il s'évertua à rechercher les expressions les plus pompeuses et les mots les plus sonores ; il en arriva à s'attribuer toutes les vertus d'un héros de l'antiquité. Il avait, de son fusil vainqueur, à moitié dépeuplé les vastes forêts des Biban ; il avait, monté sur son arabe pur sang, franchi sans sourciller des obstacles devant lesquels eussent reculé les écuyers de M. Franconi ; il avait tué des tigres, des lions et des panthères.

S'il avait connu les exploits de Tamerlan et d'Alexandre, il se fût certainement comparé à eux et peut-être eût-il résulté de son parallèle qu'il les enfonçait tous les deux.

A l'opposé de son camarade, Léocadie avait écrit sur un mode élégiaque et désolé. Elle était, disait-elle, la plus malheureuse des femmes ; les tourments qu'elle endurait étaient inimaginables. Elle traversait un désert où des bêtes féroces surgissaient à chaque pas, terribles et menaçantes ; le jour, les réactions du cheval lui brisaient les membres ; la nuit, elle ne pouvait pas dormir, tant son lit était mauvais. Elle manquait de tous les éléments constitutifs d'un bon repas et oubliait jusqu'à son métier de cuisinière. Et ce n'était pas encore tout : des bandes indigènes, sauvages au teint noir presque aussi redoutables que les lions et les tigres, des anthropophages à coup sûr, parcouraient le désert ; on avait jusqu'alors échappé à leurs sanguinaires appétits, mais tout était à redouter de leurs cruels instincts.

« Ah ! disait-elle en concluant, si la Providence permet que je revoie Marseille et que je vous embrasse encore avant de mourir, vous reconnaîtrez à peine votre Léocadie, tant elle vous arrivera amaigrie et changée. Je ne suis plus que l'ombre de moi-même. Plaignez-moi et priez pour moi ! »

O exagération ! voilà bien de tes coups. Jean, qui prenait tout bonnement le temps comme il venait, voulait s'élever à la hauteur d'un héros ; et Léocadie, qui se portait comme un charme et n'avait pas maigri d'une once, prétendait avoir perdu jusqu'à la santé.

Le lendemain nos amis se remirent en route de grand matin et arrivèrent dans l'après-midi au douar où était El-Moktar.

Kaddour eut vite trouvé le tueur de lions qu'il amena à l'oncle Marius.

El-Moktar était tout petit, mais sec et nerveux. Son œil au regard perçant et ses lèvres fortement arquées dénotaient une énergie peu commune. Il paraissait âgé de quarante-cinq ans environ.

— Pourriez-vous, lui demanda M. Badourot junior, organiser une chasse au lion?

— Certainement.

— Pour quel jour?

— Quand il vous plaira. Demain, si vous voulez.

— Soit. Y aura-t-il danger à emmener avec moi mon neveu et ma nièce?

— Non, si vous prenez des précautions. Je sais, pas très loin d'ici, un endroit d'où nous sommes certains de tirer un animal superbe sans qu'il puisse nous approcher.

Il fut décidé que l'on partirait en bande le

lendemain matin de bonne heure. Léocadie devait rester seule dans le campement pour préparer le repas que les chasseurs ne seraient sans doute pas fâchés de trouver prêt à leur retour.

— Après cela, dit l'oncle Marius, si vous tenez absolument à venir avec nous, nous vous emmènerons tout de même.

Oh! non, elle n'y tenait pas du tout, bien au contraire, et elle l'avança franchement. Elle aimait infiniment mieux s'occuper du déjeuner.

El-Moktar avait déjà fait quelques pas pour se retirer lorsqu'il retourna auprès de l'ingénieur.

— Si vous voulez, lui dit-il, venir ce soir avec moi à la tombée de la nuit, j'ai espoir de surprendre au gîte une panthère que nous tuerons.

Cornélie essaya de dissuader son oncle d'accepter l'offre. L'aventure, pensait-elle, était grosse de périls et d'une contestable utilité. Mais M. Badourot résista à toutes ses supplications et déclara qu'il ne laisserait pas échapper l'occasion.

— Un Marseillais a autant de cœur qu'un Arabe, dit-il tout bas à sa nièce, et je rougirais si El-Moktar pouvait s'imaginer qu'il en est autrement.

— Faites-vous au moins accompagner par Kaddour.

— Ah! quant à cela, je veux bien.

Le soir venu, les deux Arabes et l'ingénieur partirent ensemble. Ils arrivèrent, après une marche de trois quarts d'heure, à une caverne dont l'ouverture, très étroite, se trouvait sous un gros rocher.

L'oncle Marius tint son fusil braqué contre cette ouverture, prêt à faire feu, ayant près de lui Kaddour, sa *chira* (couteau de chasse) à la main.

El-Moktar alluma des herbes et des broussailles, et en dirigea la fumée, en l'éventant avec un pan de son burnous, dans l'intérieur du trou où il supposait que la panthère se trouvait.

Après une demi-heure de ce manège, la bête n'avait pas encore paru.

— Sans doute l'animal n'est pas dans son repaire, dit l'oncle Marius. Allons-nous-en.

Mais, sans répondre, l'Arabe se défit de son burnous et l'enroula en forme de manchon autour de son avant-bras ; puis, sa main droite armée d'un coutelas, il s'allongea par terre à plat ventre pour pénétrer en rampant dans la caverne.

— Qu'allez-vous faire ? demanda l'ingénieur.

— Vous le voyez : puisque la panthère ne veut pas sortir, je vais aller lui couper le cou.

Il se glissa, la tête première, dans l'orifice de la caverne ; mais M. Badourot junior l'appréhenda au corps et exigea qu'il ne poussât pas plus loin une entreprise à son avis insensée.

Ce ne fut qu'après avoir vivement résisté qu'El-Moktar consentit à abandonner sa tentative.

— Je connais ce trou, dit-il. Il est assez étroit pendant quelques pas, puis il s'élargit, et l'on peut s'y tenir debout. Quand la panthère s'élancera sur moi, je lui présenterai mon bras gauche ; et pendant qu'elle mordra dans le burnous, je lui ouvrirai le ventre avec mon couteau. J'ai souvent agi ainsi avec des hyènes et toujours sans qu'il m'arrivât le moindre accident.

Il l'eût fait comme il le disait et sans plus d'emphase, mais l'oncle Marius le prit par un bras, Kaddour par l'autre, et tous deux l'emmenèrent, le laissant maugréer à son aise d'avoir été arrêté en une si belle aventure.

CHAPITRE VIII

Une chasse au lion.

Le lendemain matin, suivant ce qui avait été convenu, El-Moktar, l'oncle Marius, Numa, Cornélie, Jean et Kaddour partirent pour la chasse que l'indigène avait représentée comme devant être sans danger.

— Le lion, dit-il, comme on se mettait en route, a encore envahi la nuit dernière un douar voisin et emporté une brebis.

Nos amis étaient armés jusqu'aux dents. Les

carabines, posées sur l'épaule, étaient chargées ; les revolvers, fixés à la ceinture à côté des longs poignards effilés, contenaient chacun six balles. Jean s'était en outre muni d'une hache, à tout hasard, ne sachant point de quelle utilité elle pourrait être pour lui, mais estimant qu'en pareille expédition un supplément d'armes ne nuisait pas.

Quant à Kaddour et à El-Moktar, ils n'avaient que leur fusil, et marchaient avec leur flegme habituel, comme s'ils se fussent rendus à une auberge ou à une mosquée.

On pouvait distinguer sur le sol les empreintes des pattes du lion à la poursuite duquel se mettait la petite bande. Elles mesuraient une grande main ouverte, ce qui indiquait une bête de forte taille.

C'était vers deux heures du matin que, la nuit précédente, le lion avait pénétré dans le douar, raconta El-Moktar tout en cheminant. Il avait franchi un abatis de branchage auquel les tentes étaient adossées. Il lui avait fallu sauter 4 mètres en hauteur sur 10 de largeur pour pénétrer dans l'enceinte ! Il avait pris, en tombant comme la foudre au milieu du troupeau qui s'y trouvait parqué, une grosse brebis, puis emporté sa proie en franchissant de nouveau tentes et abatis. N'ayant pas été inquiété dans sa retraite, il était allé manger à 200 mètres de là sa malheureuse victime, ne laissant d'autres traces de son festin que quelques flocons de laine qu'El-Moktar avait découverts au jour naissant.

— D'après la direction des traces, et l'heure à laquelle le lion a mangé, poursuivit l'indigène, il doit être allé cuire sa viande (1) dans l'un des fourrés situés près du repaire de *Ref-el-R'orab* (Rocher du Corbeau), à 2 kilomètres environ de l'endroit où nous nous trouvons en ce moment. Je vais vous précéder de 200 ou 300 mètres, et quand j'aurai acquis la certitude que la bête est bien dans l'un de ces fourrés, je vous ferai signe en levant mon burnous en l'air sur le canon de mon fusil. Vous hâte-

____

(1) *Cuire sa viande* est l'expression usitée pour dire du lion qu'il fait sa digestion. Celle-ci est souvent pénible quand il a beaucoup mangé. C'est alors que les Arabes disent : *Sbâ rah itebenkhr lagmou*, le lion cuit sa viande.

rez alors le pas pour me rejoindre et vous garderez le silence.

El-Moktar partit, en effet, en éclaireur, avançant lentement et avec précautions, cherchant sur le sol les traces des pattes du lion. Trois quarts d'heure plus tard, la petite troupe était à 50 mètres d'un énorme rocher formant plate-forme, et qui s'élevait, à la fois morne et majestueux, au milieu d'une colline boisée çà et là de chênes verts. C'était le Kef-el-R'orab. Bientôt El-Moktar apparaissait à son sommet, faisant signe aux chasseurs de le rejoindre.

— Le lion est là, dans le gros buisson que vous voyez au pied du rocher, dit-il quand tout le monde fut réuni. Je l'ai entendu pousser un léger rugissement d'éveil ; sans doute la viande qu'il a mangée le tourmente. Faites silence et suivez-moi. Nous allons nous approcher le plus possible du rebord de la roche ; c'est de là que nous tirerons sur l'animal, s'il veut bien consentir à se montrer. Seulement je vous recommande de ne pas décharger vos fusils sans rien viser. Toute balle qui ne touche pas à la cervelle ou au cœur est perdue. Et le lion devient d'autant plus terrible qu'on l'a blessé plus souvent.

Il prit la tête de la file et avança en se baissant pour mieux se dissimuler. Numa et Cornélie n'étaient pas sans éprouver une certaine émotion ; cependant ils faisaient bonne contenance. Jean était très pâle et ne paraissait que médiocrement rassuré par son formidable attirail guerrier.

— Le combat va commencer, dit El-Moktar à voix presque basse. N'ayez pas peur, ce n'est pas aujourd'hui que le lion *cassera* (1) quelques-uns de ses adversaires.

Le rocher surplombait, à pic, d'une hauteur de plus de 15 mètres, le fourré dans lequel était le lion. Les chasseurs s'alignèrent au bord, agenouillés, prêts à faire feu.

Soudain Jean laissa tomber sa carabine, qui rendit sur la pierre un son de ferraille. Il avait eu à peine le temps de la ramasser que le lion, qui sans doute voyait et observait depuis quel-

______

(1) Les Arabes disent : le lion m'a *cassé* un bœuf, *Sbâ Kesser li feurd*, pour m'a tué un bœuf.

que temps déjà ce qui se passait et n'attendait qu'un prétexte pour se révéler, répondit au bruit qu'il prit probablement pour un début d'hostilités par un rugissement formidable qui donna à l'ingénieur, à ses neveux et à son domestique la chair de poule. En même temps il s'élança hors du fourré, courbant dans son élan de jeunes chênes de la grosseur d'une taille d'homme, comme s'ils n'eussent été que des roseaux.

Bien valut aux chasseurs — et ils ne furent pas longtemps à le reconnaître — d'être perchés assez haut pour que de ses premiers bonds l'animal ne pût les atteindre. Il leur aurait certes fait un mauvais parti, d'autant plus que Jean, en l'apercevant, avait immédiatement tiré sur lui, et que, quoique la balle ne l'eût pas atteint, le lion était entré dans une belle fureur au bruit de la détonation.

Il tenta à plusieurs reprises de s'élancer sur le rocher. Ses bonds étaient prodigieux; mais la hauteur était trop grande pour qu'il parvînt à la franchir. Ses rugissements ressemblaient à des coups de canon prolongés.

Feu! cria El Moktar au moment où le fier animal replié sur
lui-même... (Page 123.)

— Feu! cria El-Moktar, au moment où le fier animal, replié sur lui-même après ses infructueux efforts, était immobile au bas de l'escarpement, s'apprêtant à un nouvel assaut.

Six détonations résonnèrent à la fois.

Le lion était touché, car les chasseurs virent du sang couler à terre de son poitrail; mais ses blessures ne firent que porter au comble son exaspération. De sa queue qui tournoyait dans l'air il se battait les flancs avec rage, et de ses pattes de devant il arrachait des racines d'arbres et des pierres qu'il faisait voler en arrière comme si elles eussent été lancées par une fronde.

Ce commencement d'action avait duré quelques minutes à peine, lorsque, voyant qu'il ne pouvait attaquer ses ennemis de front, le lion prit sa course vers la droite.

— Il va nous tourner, dit El-Moktar, et bientôt nous l'aurons sur nos derrières. Vite, grimpons sur les arbres. Le lion est blessé, mais il est encore fort et veut casser quelqu'un avant de mourir.

Il fit un signe à Kaddour et tous les deux aidèrent Numa et Cornélie à se hisser sur un chêne, dans lequel l'oncle Marius monta après eux.

Jean et les deux Arabes s'installèrent sur un arbre voisin.

Les chasseurs n'attendirent pas longtemps l'arrivée du lion. Il apparut, cherchant ses ennemis du regard. Il était effrayant d'aspect : sa gueule lançait à chaque contraction une écume sanglante ; ses yeux injectés semblaient jeter des lueurs rouges. Sa longue crinière noire, hérissée et rabattue sur son front, le faisait paraître énorme. Sa queue, fouettant autour de lui, abattait les arbrisseaux.

Heureusement pour nos amis, le lion ne grimpe pas aux arbres comme la panthère. Il les aperçut, et hésita, ne sachant quel parti prendre.

Eux savaient ce qu'ils avaient à faire. Les coups de carabine se suivaient sans interruption. L'animal, criblé de blessures, perdait le sang en abondance. Enfin El-Moktar lui envoya une balle qui l'atteignit au cœur. Il s'affaissa.

Le croyant mort, les chasseurs descendirent

de leurs arbres pour aller le contempler de près, mais à peine avaient-ils fait quelques pas vers lui que dans un suprême effort de sa violente agonie il se releva sur ses pattes et essaya de s'élancer.

Il y eut un moment de poignante émotion, une sensation terrible ; mais le lion retomba immédiatement, exhalant sa vie dans un dernier et sourd rugissement.

Les vainqueurs purent alors l'approcher à leur aise. Il avait reçu dix-sept balles !

Bientôt quelques Arabes du douar voisin, que le bruit des coups de fusil avait attirés, arrivèrent. Ils se réunirent autour du cadavre du fléau de leurs troupeaux, parlant et gesticulant avec véhémence.

— Dieu a enfin pris justice sur toi, lui disaient-ils. C'est la vengeance des brebis que tu nous as mangées qui pèse sur ta destinée. Ton jour est arrivé, et c'est ce jour qui t'acquitte de la dette du sang.

Des jeunes gens, moins mesurés encore dans leur langage, lui criaient :

— Eh bien, fils de chien, tu as trouvé d'autres adversaires que des bœufs et des moutons. La poudre t'a mangé à ton tour ; les balles t'ont cassé les os.

Puis tous, après avoir épuisé le vocabulaire des insultes et des reproches, s'extasiaient sur son compte.

— Quelle tête, ô Dieu, mon maître ! Quelles pattes puissantes ! Quelles griffes pour déchirer la chair ! Quelles dents pour moudre les os !

Tandis que les indigènes manifestaient ainsi leurs impressions, l'oncle Marius donna à Kaddour et à Jean l'ordre d'aller au campement et d'en ramener deux chevaux pour transporter le lion mort.

Les deux serviteurs s'éloignèrent et revinrent bientôt. Une heure plus tard, les chasseurs arrivaient en triomphateurs à leur tente.

— Grand Dieu, Seigneur ! s'écria Léocadie, quand elle vit le lion, comme ça doit être méchant, ces bêtes-là !

Et, s'adressant à Jean, elle ajouta :

— Vous avez dû avoir terriblement peur, quand vous vous êtes trouvé en présence de ce colosse.

— Peur! moi! répondit le domestique, avec plus de suffisance qu'il ne convenait peut-être, je n'ai jamais eu peur de ma vie, et ce n'est pas pour si peu de chose que j'aurais commencé à m'effrayer.

Dans l'après-midi, après un copieux repas dont chacun des chasseurs avait eu sa part, El-Moktar dépouilla l'animal de sa peau, que l'oncle Marius entendait rapporter à Marseille comme un glorieux trophée.

Et, sa besogne terminée, l'intelligent et courageux Arabe fit ses adieux à nos amis, après avoir reçu, en récompense de ses bons offices, une bourse qui représentait pour lui une petite fortune.

CHAPITRE IX

Une diffah. — Sétif.

En quittant Bordj-bou-Arréridj, ou plutôt le douar où ils avaient rencontré El-Moktar, nos voyageurs s'engagèrent dans un pays moins montagneux et moins sauvage que celui qu'ils avaient traversé depuis Aumale. Ils trouvèrent des routes où chevaucher commodément, traversèrent des villages où faire boire leurs chevaux. De loin en loin ils croisaient quelque caravane et échangeaient avec ses membres des souhaits de bon voyage et de bonne santé dans des termes qui n'impliquaient guère la férocité que Léocadie, dans sa lettre à sa famille, avait attribuée aux Algériens nomades qui parcouraient le pays.

Il leur arriva même de rencontrer une tribu nomade en quête de pâturages pour ses troupeaux. C'était un spectacle vraiment curieux, celui de cette grande famille, s'avançant dans un ordre parfait, transportant avec elle tout ce qu'elle possédait. En avant et en arrière, des éclaireurs armés, pour prévenir toute surprise et donner l'alarme en cas de danger; sur les flancs de la colonne, des cavaliers destinés à veiller à ce que le bétail ne s'égarât point; au centre, les chameaux chargés de provisions et d'ustensiles, les bœufs, les chèvres et les moutons; puis les femmes, à pied et leurs enfants sur le dos.

Cette longue file de cavaliers et de piétons, de chameaux et de troupeaux, faisait involontairement songer aux migrations des anciens temps, aux patriarches s'avançant à travers le désert avec leur nombreuse famille, aux jours bibliques et aux scènes de l'Exode.

— Oh! ces Africains! fit Léocadie. Tandis qu'ils voyagent à dos de chameaux ou à cheval, ils contraignent leurs femmes à aller à pied et à porter les marmots! C'est honteux!

Kaddour sourit à cette sortie de la cuisinière et expliqua que seules les grandes dames du désert, les épouses des chefs renommés, sont installées dans l'*attatouch*, espèce de palanquin formé de branches de laurier-rose et garni d'étoffes qui retombent comme des rideaux.

Puis à Numa et à Cornélie, dont la curiosité, constamment en éveil, se manifestait par d'incessantes questions, il expliqua, dans son langage d'une rudimentaire rhétorique, la façon dont les tribus nomades établissent leur campement.

— L'étoffe qui compose la tente s'appeler *felidj*, dit-il; le felidj être un tissu très solide et tout à fait imperméable, formé de longues bandes rayées, à deux couleurs alternées. Être fabriqué avec du poil de chameau ou de chien et de la laine. Un rideau de même étoffe partager la tente en deux compartiments, l'un pour les hommes, l'autre pour les femmes. Tous les ustensiles de ménage et tout le mobilier être entassés à l'intérieur. Une grande tente coûter de 1 000 à 1 200 francs. Les fourneaux être en plein air ; très simples, creusés dans la terre et composés de trois pierres pour servir de foyer. Les animaux être attachés à des piquets.

La bande avait accompli un peu plus de la moitié de la distance qui sépare Bordj-bou-Aréridj de Sétif, lorsqu'une après-midi elle traversa un douar remarquable par son étendue et par le nombre des bestiaux qui paissaient autour des tentes.

On échangea des saluts, et nos amis allaient poursuivre leur route, lorsqu'un Arabe richement vêtu s'avança vers l'oncle Marius.

— Pardon, Monsieur, lui dit-il ; vous êtes sans doute Français ?

— Oui, Monsieur.

— Permettez-moi, faute d'une tierce personne qui puisse nous présenter l'un à l'autre, de vous décliner moi-même mes nom et qualité. Je m'appelle Ali-ben-Rhader et suis agriculteur. Je me rends avec mes fermiers à Alger, où je compte vendre les bestiaux que vous voyez disséminés autour de mon douar.

Cela dit, l'Arabe s'inclina profondément. Il s'était exprimé en français et avait parlé avec un accent que n'eût pas désavoué un Parisien.

A son tour, l'oncle Marius déclina ses nom, prénoms et qualité.

— Ce serait un grand honneur et un grand plaisir pour moi, Monsieur, continua l'Arabe, si vous consentiez à vous arrêter, ne fût-ce que pour quelques instants, sous ma tente, avec les personnes qui vous accompagnent. Nous causerions de la France, que j'aime beaucoup et où je suis allé souvent.

— Très volontiers, Monsieur ; et le plaisir que vous pourrez éprouver, en nous offrant de façon si gracieuse l'hospitalité, sera amplement partagé, je vous l'assure.

Sur un ordre de Rhader, des serviteurs aidèrent nos amis à mettre pied à terre, et menèrent Macache et leurs chevaux dans un enclos.

L'oncle Marius, Cornélie et Numa suivirent l'Arabe, qui les conduisit sous sa tente ; Jean,

Léocadie et Kaddour furent confiés aux soins du majordome du douar.

La tente de Rhader était vraiment somptueuse. De magnifiques tapis orientaux étaient étendus sur le sol, et le mobilier aurait eu, ma foi, fort bonne mine même dans un appartement marseillais. L'un des angles était occupé par un large sofa que l'on transformait en lit pendant la nuit; au centre, des chaises articulées entouraient une grande table. Sur les côtés, des dressoirs étaient chargés de provisions de bouche et de rafraîchissements.

Rhader fit préparer des sorbets que l'on offrit aux trois voyageurs, avec des friandises que Cornélie et Numa apprécièrent fort. Et la collation terminée, l'Arabe commanda que l'on apportât du café froid et des cigares.

— Vous voyagez pour votre agrément? interrogea Rhader.

— Oui et non. Oui, en ce sens que nous distribuons notre temps comme il nous convient; non, parce que nous avons pour principal but des investigations scientifiques.

— Et vous allez?

— A Tunis, en passant par Sétif et par Constantine.

— Et vous n'êtes sans doute pas pressés par le temps?

— Mon Dieu, non.

— En ce cas, j'entends donner ce soir une *diffah* en votre honneur. Mes gens dresseront votre tente et vous serez mes hôtes jusqu'à demain.

L'invitation était manifestement cordiale, et l'oncle Marius l'accepta sans se faire prier.

— Voulez-vous, Mademoiselle, visiter le douar avec monsieur votre frère? demanda ensuite Rhader à Cornélie.

— Avec grand plaisir, Monsieur, répondit la jeune fille.

— En ce cas, je vais mettre un de mes serviteurs à vos ordres pour vous accompagner.

— C'est que nous ne parlons pas l'arabe, fit observer Numa...

— Mais Kaddour, qui sait un peu le français, pourrait venir avec nous et nous servir d'interprète, suggéra Cornélie.

Rhader envoya chercher le domestique, qui

fut chargé du soin de conduire les enfants et de veiller sur eux.

— Dites-moi, Kaddour, demanda Cornélie, comme ils venaient de sortir de la tente, qu'est-ce que c'est, une diffah?

— Oh! une diffah être une grande réception à la mode de notre pays. Dîner excellent, puis concert et danses.

— Pareille réception ne peut manquer d'être très curieuse, observa Numa à sa sœur; et nous devons nous réjouir de cette occasion qui s'offre à nous de faire plus ample connaissance avec les usages de la contrée.

Dès que Rhader eut donné à ses domestiques l'ordre de tout préparer pour la diffah, l'animation commença à régner dans le douar, où jusqu'alors chacun se reposait ou flânait à son aise.

Suivant la coutume en pareille occasion, on mit à la broche un mouton entier. Du reste, toutes les ressources culinaires que renfermait le campement furent utilisées, et lorsque, l'heure du repas arrivée, on s'assit à table, ce fut un véritable festin que l'on servit aux hôtes de Rhader.

Le couvert avait été dressé dans la tente même du maître du douar. La nappe et les serviettes étaient d'une blancheur et d'une finesse remarquables ; les plats, les assiettes, les cuillers et les timbales étaient en argent. Jamais vaisselle plus riche ne figura, à Paris, sur la table d'un restaurant à la mode.

Du reste le repas ne brilla pas moins par le luxe des accessoires et l'abondance des mets que par la qualité des aliments, et le chapitre des boissons recueillit l'approbation de chacun.

On fit grand honneur au couscous, ou couscoussou, qui est, comme on sait, le mets national des Arabes. Cornélie exprima le désir de connaître les secrets de la préparation de ce plat et Rhader lui donna les détails suivants :

— On confond souvent le couscoussou des Arabes avec le pilau des mahométans, lequel n'est composé que de riz, tandis que le couscoussou est fait de blé dur. Vous trouverez sûrement en France du couscoussou tout préparé ; mais il faut, comme on dit, se méfier des contrefaçons ; or, comme je suis certain que le mien a été fabriqué suivant toutes les règles de l'art, je vous demanderai la permission d'en joindre un petit sac à vos provisions. Voici d'abord comment ce produit a été préparé.

« Dès que la récolte du blé dur est rentrée dans les silos, les femmes arabes réunissent dans un lieu commode, bien aéré et exposé au soleil, la quantité de blé destinée à être transformée en couscoussou. On procède ordinairement à ce travail vers la fin du mois d'août. On mouille bien le blé, on le ramasse en un tas en plein soleil et on le recouvre ensuite de pièces d'étoffe mouillées, dans le but de le faire fermenter et renfler plus vite.

« Lorsque le grain est suffisamment gonflé, sans attendre que sa germination commence, on l'étend en une couche bien mince sur une aire ou sur des toiles, toujours au soleil, pour le faire sécher. Quand le grain ne contient plus d'eau, on le passe entre deux meules légères en calcaire dur ; grâce au traitement préalable auquel il a été soumis, il ne se réduit pas en farine ; il se casse et forme des grumeaux un peu plus gros que du millet à grappes. Ces grumeaux sont de nouveau exposés au soleil; on les vanne ensuite, pour les séparer de l'enveloppe du blé.

« Cette dernière opération terminée, le couscoussou est prêt; on le renferme alors dans des peaux de mouton ou de chèvre, où l'on peut le conserver indéfiniment. »

« Beaucoup de cuisiniers font cuire le couscoussou comme la semoule; mais il est bien préférable de le faire cuire lentement au bain-marie. On l'assaisonne avec du beurre, du sel et du poivre et on ajoute un mélange de légumes. On le sert d'habitude avec du mouton rôti ou bouilli. Quelques bouchées suffisent à un Européen pour son repas. L'Arabe, malgré ses habitudes de sobriété, en engloutit plusieurs livres sans sourciller.

Lorsqu'on eut desservi, on apporta pour les convives du café, des glaces et des liqueurs. Rhader offrit à l'oncle Marius un cigare algérien, et le concert commença.

Il fut plus étrange qu'harmonieux et ne rappela que de très loin la musique que l'on est habitué à entendre dans les récréations de même genre que l'on organise en France. Le piano traditionnel était remplacé par une guitare mauresque, dont les sons maigres étaient soutenus par un tambour de basque.

Huit Arabes, quatre hommes et quatre femmes, accompagnés par les deux instruments, chantèrent en chœur des airs populaires du pays. La mélodie en était monotone et l'harmonie rudimentaire ; cependant cette musique avait un charme étrange dont on subissait facilement l'influence ; elle berçait l'esprit et l'imagination sans les fatiguer et touchait le cœur par la mélancolie de son rythme.

Au concert succédèrent les danses, exécutées par des femmes, toujours au son de la guitare et du tambour de basque. Rien ne peut donner une idée exacte de ces ballets ; il faut les avoir vus pour en réaliser l'étrangeté. Les jambes s'agitent à peine et le corps ne change pas de place ; mais le buste se livre à des mouvements multiples et à des contorsions sans cesse différentes.

— Je regrette, dit Rhader à l'oncle Marius lorsque fut arrivée l'heure du repos, — je

regrette de n'avoir pas pu vous offrir une hospitalité plus agréable ; mais en voyage les commodités ne sont malheureusement pas ce que
l'on voudrait qu'elles fussent. J'espère que
quelque jour vous me ferez l'honneur de vous
arrêter chez moi, à Batna, où sont mes propriétés ; je tâcherai alors d'effacer la mauvaise
impression que vous a sans doute causée aujourd'hui l'insuffisance de mon installation.

M. Badourot junior protesta. Jamais il n'avait
été mieux et plus cordialement reçu, et il se
félicitait fort d'avoir fait la connaissance de
l'agriculteur.

— Il n'y a guère de chance, ajouta-t-il, que
je puisse vous rendre visite à Batna mais
puisque vous venez souvent en France, je
compte que vous serez prochainement mon
hôte à Marseille.

Le lendemain matin, dès que nos amis
furent levés, on leur apporta sous leur tente
des viandes froides, des vins du pays et du café ;
et Rhader vint déjeuner avec eux et choquer
son verre contre le leur avant qu'ils ne se
remissent en route.

— Vous seriez bien aimable, dit-il à l'oncle Marius, si vous consentiez à vous charger d'une lettre pour un de mes vieux camarades, qui habite Sétif, où vous serez probablement ce soir.

— Donnez ; je vous promets qu'elle sera remise fidèlement.

L'Arabe tendit un message dont l'enveloppe portait :

> *Monsieur Si-ben-Salem,*
> *place Nationale,*
>
> *Sétif.*

Aux bons soins de Monsieur Marius Badourot.

— Mon ami, observa Rhader, est un de nos plus riches propriétaires algériens. Je me suis permis de lui parler de vous et je le prie de vous rendre agréable le séjour que vous ferez à Sétif.

Les domestiques de l'agriculteur eurent vite sellé les chevaux des voyageurs et chargé sur le dos de Macache la tente et son mobilier.

On repartit, non sans avoir chaudement remercié Rhader de l'agrément qu'on lui devait et sans avoir échangé avec lui les souhaits les plus sincères.

Le soir, la petite troupe arrivait à Sétif.

Sétif est une ville moderne, bâtie à 1100 mètres au-dessus du niveau de la mer sur l'emplacement de l'ancienne *Sitifis* des Romains. Avec ses trois annexes, Aïn-Sfia, El-Anseur et Mesloug, elle comprend une population de 12500 habitants, dont 3500 Français.

Sétif fut, au temps de la domination romaine, le chef-lieu de la Mauritanie sitifienne, un centre politique et commerçant d'une importance considérable. La ville créa des établissements qui acquirent un très grand développement, et, malgré le terrible tremblement de terre qui l'ébranla en 416, et les ravages qui suivirent les invasions successives des Vandales et des Arabes, des traces nombreuses de ses édifices et de ses fortifications subsistent encore. Les restes de l'enceinte romaine, tels qu'ils existaient au xvie siècle, permettaient, au rapport des historiens, d'évaluer le circuit de ses murailles à près de quatre kilomètres. Les ruines au milieu desquelles s'élève la citadelle rectangulaire flanquée de tours témoignent du caractère de solidité et de durée que les Romains avaient su imprimer à leurs établissements dans cette partie de leurs possessions.

Nos amis passèrent la nuit dans un hôtel; mais lorsqu'au matin l'oncle Marius porta la lettre de Rhader à son camarade Si-ben-Salem, celui-ci exigea que les voyageurs acceptassent son hospitalité. Et sans même attendre l'acquiescement de M. Badourot, il envoya chercher, à l'hôtel où il avait débarqué, ses animaux et ses bagages.

Si-ben-Salem habitait un véritable palais meublé à l'européenne et entouré de magnifiques jardins. Il possédait plusieurs millions de fortune et vivait au milieu de tous les raffinements qu'a inventés le luxe.

— J'espère que vous resterez quelque temps à Sétif, dit-il à l'oncle Marius.

— Quelques heures seulement ; nous ne pouvons nous arrêter davantage.

— Donnez-moi au moins jusqu'à après-demain matin ; aujourd'hui nous visiterons la ville et j'organiserai pour demain une chasse au faucon.

Une chasse au faucon, c'était d'autant plus tentant que ni Cornélie ni Numa ne connaissaient ce genre de sport. Aussi l'ingénieur consentit à prolonger son séjour à Sétif au delà du terme qu'il s'était fixé.

CHAPITRE X

Une chasse au faucon.

Le lendemain matin, l'oncle Marius donna à Numa et à Cor-nélie quelques explications sur la fauconnerie; il leur en fit succinctement l'historique et leur apprit en partie le vocabulaire spécial qu'elle comporte.

— C'est, dit-il, une science très difficile; il faut, pour y passer maître, l'avoir étudiée longtemps ou en posséder la tradition. En Algérie, il n'y a que les familles les plus riches qui chassent au faucon ; les indigènes les appellent, paraît-il, *Hell-el-thiour*, gens d'oiseaux. Les membres de ces familles chassent de père en fils ; ils ont, pour les aider, des écuyers-fauconniers, qu'ils chargent de prendre des oiseaux de race, de faire leur éducation, de les nourrir, de les porter et de les rappeler quand on poursuit le lièvre ou l'outarde.

Il y a, assure-t-on, parmi ces gens, que l'on nomme *biâzes* (oiseleurs), des types d'une grande originalité ; le fond de leur caractère est un amour-propre démesuré à l'endroit de leur science en fauconnerie. Les oiseaux que l'on préfère pour la chasse viennent de la Suède, de la Norwège et de la Finlande, mais le faucon d'Afrique, que les naturalistes désignent sous le nom de *lanier*, est fort apprécié.

— Mais, mon oncle, demanda Numa, comment s'y prend-on pour capturer ces animaux sans les tuer ?

— C'est relativement facile. Les biâzes se servent, pour cela, de perdrix, de pigeons et de gangas. Ils enveloppent ces volatiles d'un réseau de lacs et les mettent en vue en plein champ, ou les placent près des endroits où s'abritent les oiseaux qu'ils veulent prendre. Le faucon, en se précipitant sur ce qu'il croit être une proie, se prend les serres dans les lacs disposés à cet effet, et en détermine l'action en cherchant à emporter l'appât qui est attaché à une ficelle fixée à une pierre assez lourde pour ne pas être enlevée. Le biâze, qui est resté à l'affût, s'approche alors avec précaution et s'empare du faucon, qu'il coiffe tout d'abord d'un capuchon pour lui enlever tout moyen de défense.

Il lui met ensuite de petites manchettes en cuir, auxquelles il attache des lanières de six à huit pieds de longueur, nouées à l'autre extrémité au gant en cuir à la crispin que porte tout fauconnier lorsqu'il a un oiseau sur le poing.

— Mais les faucons ainsi capturés doivent avoir besoin d'être dressés?

— Assurément. Il faut d'ordinaire un mois pour amener le faucon à fondre, au milieu des gens et des chevaux, sur les lièvres et les outardes, à les prendre en pleine serre, à les tuer à coups de bec, à obéir au cri de rappel, enfin à venir se poser sur le leurre quand la proie a été manquée. On les fait chasser du mois de novembre à la fin du mois de mai et on leur laisse leur liberté pendant les grandes chaleurs.

A deux heures de l'après-midi, nos amis étaient à cheval, prêts à partir pour l'expédition projetée.

— Plus tôt serait trop tôt, avait dit Si-ben-Salem, parce que la faim, qui est le principal stimulant des oiseaux de race, ne se prononce pas avant le milieu de la journée, quand ils ont été repus la veille.

Le riche Algérien avait invité à suivre la chasse plusieurs de ses amis, qui arrivèrent montés sur de magnifiques chevaux du pays ; on se mit en route en corps, le chef fauconnier marchant en tête et dirigeant.

Quand on fut hors de la ville, un biâze se mit à chanter les stances traditionnelles en pareil cas :

Ia their el-bela !
Fettsen el-heoua,
Metelek ma iouka.
Ouihh ! ouihh !

Nhar el-seid
Ma ikoun Sid
Illa R'ellab-el-Djid.
  Ouihh! ouihh!

Ou aïn th'orbi ia arneb el-mikhrouda?
Ou aïn ett'eihi ia oum el-houbara?
Ma infakoum, la djenah, la kora.
En cha Allah temsou fi yed el derria!
  Ouihh! ouihh! Haou! haou.

  Men, y ferrah benat archi?
  Men y hammeur oudj khrouti?
  Men ibien khresselet khreili?
  Men, men hernoum denia inessi?
    Ouihh! ouihh!

Theiri! their el-Sahra el-Kerim
Fdhôl Allah el-adhim!
Nechekerek ia ouldi ala el-daïm.
N'haar maàk, men iam el-djenna, ida makount-naïn!
  Ouihh! ouihh! Haou! haou!

O oiseau de la lutte! — Combattant de l'air,
— Comme toi il ne s'en trouve. — Ouihh! ouihh!
Au jour de la chasse. — Il n'y a de seigneur
— Que R'ellab le noble. — Ouihh! ouihh!

Où te sauveras-tu, ô lièvre bientôt pris? — Où tombe-
ras-tu, ô mère des outardes? — Ils ne vous suffiront pas,
vos pieds et vos ailes! — S'il plaît à Dieu, vous serez ce
soir dans les mains de nos enfants! — Ouihh! ouihh!
Haou! haou!

Qui donne la joie aux filles de ma tribu? — Qui rougit la figure de mes frères? — Qui fait paraître les vertus de mes chevaux? — Qui des maux de ce monde donne l'oubli? — Ouihh! — ouihh!

C'est mon oiseau, l'oiseau du désert, le généreux! — Présent du Dieu le fort et le très haut! — Je te louerai, ô mon fils, sans cesse ni répit. — Un jour avec toi est un de ceux du Paradis, si je ne suis en rêve! — Ouihh! ouihh! Haou! haou!

Cette ballade terminée, — tout le monde l'avait écoutée en silence, — l'oncle Marius donna à Numa quelques indications sur la manière dont se pratique généralement la chasse au faucon.

— Quand nous serons arrivés sur l'emplacement où doit commencer la traque, vous entendrez les biàzes et leurs aides faire du bruit en frappant de l'éperon contre leurs étriers et en criant de temps à autre à pleins poumons : haou! haou! Les traqueurs, pour effrayer les lièvres et les induire à quitter leurs gîtes, agiteront les pans de leurs burnous, comme s'ils voulaient se débarrasser de mouches importunes, et chaque chasseur tâchera, par tous les moyens que lui suggérera son imagination, de

faire lever quelque pièce de gibier. A ce moment, on débarrassera les faucons des lanières
qui retiennent encore leurs manchettes de cuir,
mais on ne leur retirera pas le capuchon qui
couvre leur tête. C'est alors que la chasse com-
mencera réellement. Quand un lièvre aura été
levé, on décapuchonnera un faucon et on le
laissera s'envoler. — Mais je vous en ai dit
assez long, et je ne veux pas, en continuant,
vous priver d'une partie de votre plaisir en satisfaisant par avance votre curiosité.

Kaddour, d'ordinaire si flegmatique, avait
la mine toute réjouie. On sentait, à le regarder,
qu'il éprouvait intérieurement une joie intense.

— Vous aimez fort la chasse au faucon? lui
demanda Numa.

— Oh! oui, répondit-il, extrêmement. Et
puis Si-ben-Salem avoir un des meilleurs biàzes
de toute l'Algérie.

Il désignait du doigt le chef fauconnier.

— Comment s'appelle-t-il? interrogea Cornélie.

— Mahhiddine-ben-Dhilis. Vous bien voir le
faucon sur son épaule?

— Oui.

— Lui avoir risqué sa peau pour le prendre. Histoire curieuse.

Numa et Cornélie réclamèrent la narration de cette histoire, assurant Kaddour, qui voulait se récuser à cause de l'incorrection de son français, qu'ils le comprendraient à merveille. L'Arabe finit par se rendre à leurs sollicitations et voici l'aventure qu'il leur raconta :

Un jour, étant à la recherche de faucons à prendre, Mahiddine aperçut un magnifique *drem* (femelle du lanier grande espèce), qui avait son aire dans l'anfractuosité d'un rocher taillé à pic, à huit ou dix mètres du sol.

Il fallait, pour s'emparer de ce faucon, tendre les lacs près de l'endroit où il chassait la nuit. L'opération était excessivement difficile, mais à force de volonté Mahiddine en vint à bout. Toutefois elle n'avait été terminée que très tard et ce ne fut que le lendemain matin que l'oiseau se prit, en se jetant à son réveil sur le pigeon appât.

Le biâze, qui avait passé la nuit près du piège et guettait l'événement, ne vit pas plus tôt l'oiseau se débattre qu'il s'élança pour le prendre ; mais il le fit avec tant de précipitation qu'il perdit son point d'appui en le saisissant et tomba de la hauteur d'un cinquième étage sur le sol.

Il eut dans sa chute la clavicule et le bras gauche cassés. Toutefois il ne perdit pas la tête pour si peu. Son oiseau était intact, c'était ce qu'il voulait avant tout.

Mahiddine se leva et se mit en marche, son bras gauche ballant, tenant de sa main droite son cher faucon. Il n'arriva chez lui qu'après avoir souffert une véritable torture, obsédé par la fatigue et par la douleur. On lui fit un premier pansement, on le coucha sur une natte et on envoya chercher le rebouteur de la tribu pour lui remettre ses fractures.

Pendant tout ce temps, il ne voulut pas abandonner son oiseau un seul instant. Il prescrivit à sa femme de lui coudre les manchettes, de lui mettre un chaperon et de lui attacher les lanières. Puis il lui dit :

— O femme, pose mon oiseau sur mon épaule malade ; c'est le véritable baume pour ma blessure. Vois comme il est fort et de belle prestance ; je n'en ai jamais dressé de pareil.

Il fallut faire sa volonté ; et pendant tout le temps de son traitement, Mahiddine donna son épaule pour perchoir au faucon, qui est devenu un véritable phénix.

Quand la bande des chasseurs fut arrivée dans la plaine qui avait été choisie pour terrain de chasse, les cavaliers se mirent en ligne et avancèrent de front, allant au pas et battant tous les buissons.

Nos amis, qui se livraient pour la première fois à ce genre de sport, ne furent pas peu surpris d'entendre les interpellations et les cris, les apostrophes adressées aux lièvres qui gardaient le gîte, les conseils et les encouragements. Hommes, chevaux et faucons paraissaient être dans un état d'excitation extrême.

— Hé ! un tel, fouille ces touffes à ta gauche. — Mohammed, retiens ton cheval. — Avance-toi, Lakhdar. — Il n'y a donc plus de lièvres ! — Par Sidi-Aïssa, le saint de Dieu, je n'ai jamais vu un pays aussi vide. — Où se cachent-ils ? — Haou ! haou ! — Brr ! brr ! — Hé ! fils du

Il fondit sur l'un d'eux auquel il fendit l'oreille d'un coup d'ongle.
(Page 157.)

péché, levez-vous ! — Votre jour est arrivé. — Vous devez finir entre les sabots de nos chevaux et les serres de nos oiseaux.

La bande marchait ainsi depuis quelque temps, battant le drine et le chihh, lorsque deux lièvres débusquèrent en avant des fauconniers.

Aux cris de : « le voilà ! lièvre ! lièvre ! » les biâzes déchaperonnèrent quatre faucons, qui prirent leur vol et s'élevèrent dans l'air avec la rapidité d'une flèche.

L'un d'eux, arrivé à soixante mètres environ au-dessus du sol, fondit sur l'un des lièvres, auquel il fendit l'oreille d'un coup d'ongle.

Le malheureux quadrupède effaré revint sur les chasseurs, qui poussèrent un *eihh !* de satisfaction, et durent, pour relancer l'animal, le pousser de leurs bâtons, tant l'effroi que lui inspirait le faucon dépassait celui que l'homme et les chevaux lui causaient.

Les trois autres faucons avaient fondu simultanément sur le second lièvre et s'étaient accrochés de leurs serres à sa tête et à son corps. Ils roulaient avec la malheureuse bête, qui courait de toutes ses forces, poussant des cris plaintifs.

Un moment on ne vit qu'une pelote mouvante, un fouillis indistinct d'ailes, de pattes, de plumes et de poil. Mais l'allure du lièvre s'était considérablement ralentie, et les fauconniers arrivèrent bientôt, et arrachèrent le quadrupède à la voracité des faucons, qui furent immédiatement chaperonnés.

Le premier lièvre ne fut pas plus heureux que son compagnon. Quand on le relança, Mahiddine enleva le capuchon de son oiseau favori qui, voyant l'animal, s'envola dans sa direction, gagnant au vent. Tout à coup il se retourna en l'air et fondit comme un trait sur le crâne du lièvre, qui resta foudroyé sur place, la tête brisée.

La journée débutait bien ; les chasseurs étaient dans l'enchantement.

On fit halte un moment, puis on recommença la battue. Il fallut attendre longtemps avant de lever la moindre tête de gibier. Enfin un troisième lièvre s'élança et on mit deux faucons à sa poursuite ; mais cette fois le quadru-

pède réussit à échapper, par des crochets ré-
pétés, à l'atteinte des oiseaux, qu'il fallut rappeler par les cris prolongés de ouihh! ouihh!

A quatre heures et demie, les chasseurs avaient
capturé leur douzième lièvre.

— Maintenant, dit Si-ben-Salem à Mahiddine, tâche de nous prendre une outarde ou
deux.

Le biâze fit une grimace; mais l'ordre était
formel, et il ne chercha pas à l'éluder.

Les fauconniers n'entreprennent jamais sans
appréhension la chasse à l'outarde, qui se dé-
fend contre les faucons, et qui par son vol
puissant les entraîne et les perd souvent.

Mahiddine fit rebrousser chemin à la troupe
des chasseurs et obliqua un peu sur la gauche.

— Il y avait hier une compagnie de *houbaras*
(outarde huppée) dans le champ que nous
allons traverser, dit-il; peut-être aurons-nous
la chance de la rencontrer.

L'espérance se réalisa en effet; après une
courte marche, la cavalcade tomba sur une
bande de quinze outardes qui piétaient.

Mahiddine lança un faucon.

Les outardes, en voyant arriver l'oiseau sur elles, se réunirent en un groupe à la façon des bœufs attaqués par un loup; elles firent tête en hérissant leurs collerettes, en étalant leurs ailes et en exécutant des hauts et des bas-le-corps comme des coqs de combat.

Chaque fois que le faucon passait sur elles, elles rasaient la terre pour se relever ensuite et faire face à l'agresseur.

Voyant que seul le faucon n'osait attaquer sérieusement la bande, Mahiddine en lâcha un second.

A ce renfort, les outardes, se sentant entre deux adversaires, eurent peur et s'envolèrent dans toutes les directions.

Le premier faucon lâché avait l'altitude et le vent favorables; il profita de sa position pour fondre sur une outarde qui vint à passer au-dessous de lui et fut assez heureux pour lui casser l'aile droite du premier coup de serre et l'abattre. Elle avait à peine touché terre que déjà il l'avait saisie par le cou.

— Bravo! cria Si-ben-Salem, *il a le dessus.*

Avoir le dessus est très important, parce que

l'outarde a la vilenie de *salir* le faucon quand elle l'a *sous elle*. C'est une défense suprême et très efficace dont elle a été douée par la nature. Quand cette défense est employée à propos, le faucon, qui reçoit le jet de liquide corrosif, en est aveuglé, et il est obligé de lâcher sa proie. De plus, s'il n'est pas lavé sur-le-champ avec de l'eau, il est hors de service pour le reste de la saison, la matière lancée par l'outarde ayant la propriété de coller les plumes et de ternir la vue.

Le second faucon fut moins heureux que le premier; devancé par les outardes, il fit vainement tous ses efforts pour les rejoindre et n'y put réussir. Après une demi-lieue de poursuite, il allait s'égarer, quand son maître, qui l'avait suivi à distance, arriva assez près de lui pour lui faire entendre le cri de rappel et l'attirer sur le leurre.

La chasse était terminée et la troupe reprit le chemin de Sétif. Si-ben-Salem invita ses amis à dîner chez lui le soir.

— Nous avons eu de la chance, dit-il à l'oncle Marius auprès de qui il cheminait, nous n'avons pas perdu un seul faucon et nous n'avons rencontré aucun aigle.

— L'aigle est-il vraiment si à craindre qu'on le prétend? demanda Numa.

— Oui, c'est l'ennemi intime de tous les fauconniers. Pendant la chasse, si un aigle apparaît, quelque éloigné qu'il soit du théâtre de l'action, on rappelle les faucons et on les chaperonne, parce que l'effroi qu'ils ont de l'aigle les fait fuir et les rend sourds, la plupart du temps, aux cris de rappel.

CHAPITRE XI

Dans les Oulad-Kebbab. — La carrière de marbre.

On vante, non sans raison, l'hospitalité écos-
saise; elle est devenue proverbiale, à bon droit
sans doute, mais il y aurait partialité et injus-
tice à la considérer comme un monopole. Nos
amis venaient d'en faire l'expérience à deux
reprises, — les Arabes savent inviter et recevoir
l'étranger et mettent à contribution, pour lui

être agréables, toutes les ressources dont ils disposent.

Le dîner qui avait suivi la chasse avait été somptueux ; il ne l'avait cédé en rien à un grand banquet parisien, tant par la variété des mets que par leur excellence ; et l'oncle Marius, Numa et Cornélie purent constater que l'urbanité, cette vertu que nous sommes si fiers de posséder en France, n'est pas notre apanage exclusif.

— Nous marquerons ce jour d'une croix blanche, dit l'ingénieur à son amphitryon, lorsque l'heure du repos eut sonné ; chacun de ses moments a été signalé par une jouissance nouvelle, et nous emporterons, grâce à vous, un souvenir délicieux de notre passage à Sétif.

Salem essaya de retenir ses hôtes plus longtemps, mais ce fut en vain. M. Badourot, malgré le plaisir qu'il eût éprouvé à prolonger son séjour, résista à ses sollicitations ; et le lendemain matin, les voyageurs se remirent en route, après avoir cordialement remercié celui qui les avait si bien traités.

L'oncle Marius devait, comme on le sait déjà,

se livrer, dans les Oulad-Kebbab, à de nouvelles expériences sur un gisement considérable de minerai dont l'emplacement exact lui avait été indiqué.

On y arriva après deux journées de marche. Le site dans lequel il se trouvait était tout aussi sauvage que celui où la troupe avait déjà fait halte dans les Biban. C'était une gorge profondément encaissée entre deux hautes éminences; le sol, où se déversaient les eaux de la montagne, était un terrain d'alluvion où régnait une constante humidité. L'herbe y croissait vivace et serrée, et de nombreux arbrisseaux y poussaient, sans qu'aucune main prît soin d'eux.

M. Badourot junior désigna, pour l'érection de la tente, un entablement situé sur le flanc de la hauteur.

— Il faut, observa-t-il, nous garder contre l'humidité; si nous campions au fond de cette gorge, nous courrions le risque d'attraper des rhumatismes, tandis qu'ici nous serons à l'abri de cette éventualité.

Cette fois, le minerai devait se trouver, non pas dans une grotte, mais dans une crevasse de terrain ; il formait, d'après les renseignements fournis, un long filon, parallèle à un ruisseau ; sa surface, qui n'était guère qu'à un demi-mètre au-dessous du niveau du sol, était sur plusieurs points à l'air libre ; ailleurs elle n'exigeait qu'un léger effort de pioche pour être mise à découvert.

L'ingénieur recueillit sur plusieurs points du minerai qu'il soumit à une analyse identique à celle qu'il avait précédemment appliquée. Malheureusement le résultat fut absolument défavorable. Aucun des échantillons sur lesquels il avait opéré n'accusa une quantité de cuivre supérieure à 16 pour 100.

— Allons, dit-il, notre voyage n'aura, je le vois, aucune utilité industrielle. Je le regrette pour ma Compagnie.

Le lendemain matin, au point du jour, l'ingénieur était debout. Il voulait, avant de repartir, faire une excursion dans la montagne et tirer, si l'occasion se présentait, quelque pièce de gibier. Il éveilla Numa et Kaddour et s'éloigna avec eux.

Nos amis s'engagèrent dans une forêt de

cyprès où l'épaisseur du branchage ne laissait pénétrer qu'une lumière discrète. Il régnait sous les grands arbres une mélancolie et un calme qui s'imposaient ; jamais anachorète ne choisit une solitude plus propre à la contemplation. Personne, avant eux, n'avait sans doute parcouru ce désert ombreux, où nul sentier n'était tracé.

Les excursionnistes marchèrent quelque temps sans rencontrer le moindre gibier ; ils entendaient bien, au-dessus de leur tête, les cris de nombreux oiseaux, mais le feuillage des arbres était tellement touffu qu'ils ne pouvaient apercevoir et viser les volatiles.

Ils arrivèrent à une clairière des plus pittoresques. Sur une étendue d'un demi-hectare, le sol était recouvert d'un gazon vigoureux où les gouttelettes de rosée brillaient comme du cristal sous les rayons du soleil levant. En face d'eux, le terrain s'élevait subitement et formait une barrière que sa verticalité rendait infranchissable. Çà et là apparaissaient, émergeant du sol, d'énormes blocs d'une pierre lisse et brillante, blanche avec des veines roses.

L'oncle Marius s'approcha d'un de ces blocs.

— Voici, dit-il, du marbre remarquablement beau.

Et, poussé par ses goûts scientifiques, il examina d'autres blocs. Tous étaient d'une admirable teinte et pouvaient rivaliser avec les produits extraits des plus célèbres carrières.

— Eh, eh, fit-il, il y a peut-être ici les éléments d'une exploitation profitable. Nous cherchions du cuivre, peut-être trouverons-nous du marbre en abondance. S'il en était ainsi, nous n'aurions, après tout, perdu ni notre temps ni notre peine. Voyons.

Il suivit la pente verticale, cherchant à acquérir la preuve que les blocs visibles étaient reliés entre eux et faisaient partie d'une carrière souterraine. Rien, au début, ne sembla légitimer cette espérance : la hauteur avait, à sa surface, des aspects divers, où le marbre ne se montrait que d'intervalles en intervalles, sans apparente continuité.

Toute la matinée se passa en inutiles recherches, et l'heure fixée pour le départ avait sonné depuis bien longtemps que l'ingénieur continuait encore, en pure perte, ses investigations.

— Retournons à notre campement, dit-il enfin ; on pourrait s'y inquiéter de notre absence. Nous déjeunerons et nous reviendrons ensuite poursuivre notre exploration.

On attendait, en effet, nos amis dans une vive anxiété. Léocadie se répandait en lamentations et avait les larmes aux yeux. A son avis, ses maîtres et Kaddour avaient sans doute été victimes de la férocité de quelque bête fauve ; à tout le moins ils s'étaient brisé les côtes en dégringolant dans quelque précipice. Et comme son bon cœur l'emportait, en somme, sur sa pusillanimité, elle parlait de se mettre, malgré tous les périls que comportait l'expédition, à la recherche des trois compagnons, pour les secourir et les sauver, s'il en était temps encore.

Jean et Cornélie partageaient son avis, et l'on allait se mettre en route, lorsque les trois chasseurs parurent, déclarant qu'ils étaient à moitié morts de faim et réclamant le déjeuner à grands cris.

Le déjeuner! Ah, bien, oui, on n'y avait

guère pensé au déjeuner et il fallut commencer sa préparation par le commencement.

— Alors, vous avez eu réellement peur? demanda l'oncle Marius.

— Si nous avons eu peur, Seigneur Dieu!... s'écria Léocadie.

Et Jean, en guise de justification, prononça cette phrase homérique :

— Dame, je n'étais pas là !

Chacun, à ces mots, partit d'un formidable éclat de rire, qui ne fut pas sans étonner le peu modeste domestique.

Le déjeuner terminé, l'oncle Marius repartit pour la clairière, emmenant cette fois avec lui, outre Kaddour et Numa, Jean et sa nièce.

— Alors vous me laissez toute seule ici? fit Léocadie.

— Oui, repartit l'ingénieur; si quelqu'un vient nous demander, vous répondrez que nous ne revenons pas aujourd'hui.

— C'est que je vais avoir peur.

— Peur de quoi?

— Des tigres et des lions.

— S'il s'en présente, vous les prierez de nous

attendre ; et à notre retour nous nous excuserons comme il convient de ne pas nous être trouvés ici pour les accueillir.

Quoi qu'elle en eût, la cuisinière dut faire contre mauvaise fortune bon cœur et se résoudre à son triste sort.

— Il s'agit, dit l'oncle Marius chemin faisant, de tourner la hauteur où nous avons découvert du marbre. Si une carrière se cache dans les flancs de la montagne, il est à supposer qu'il existe quelque anfractuosité qui y donne accès.

On avait, en cas de besoin, emporté la pioche qui servait à l'établissement de la tente et du campement.

La montagne formait à sa base une vaste circonférence et on ne pouvait en faire le tour en quelques heures. Mais comme on avait en vue la confirmation d'une hypothèse grosse des plus précieuses espérances, il n'y avait pas à hésiter à s'imposer quelque fatigue, et à s'attarder, s'il était nécessaire, pendant quelques jours, à des recherches d'un intérêt capital.

La petite bande parcourut plusieurs kilomètres sans rien découvrir. Partout, il est vrai, des blocs de marbre émergeaient des parois de la hauteur, mais sans qu'aucune indication positive établît qu'ils fissent partie d'une carrière unique.

Toutefois l'oncle Marius ne se décourageait pas. Il savait que le marbre n'existe pas, dans la nature, à l'état d'isolement, et il était persuadé qu'il se trouvait en présence d'une gigantesque agrégation que quelque accident de terrain lui permettrait de reconnaître.

— Si mon attente est fondée, disait-il, c'est une fortune énorme que je vais mettre à la disposition de ma Compagnie. Les carrières de l'Europe commencent à s'épuiser et le marbre de belle qualité coûte maintenant fort cher. L'endroit où nous nous trouvons est favorablement situé pour une exploitation ; nous sommes près d'une grand'route et les moyens de transport seraient peu coûteux. De plus, la main-d'œuvre est à très bon marché dans ce pays, où la civilisation n'a pas encore amené l'augmentation des salaires dont souffre notre industrie française, et l'on pourrait, en employant des indigènes, procéder à peu de frais à l'extraction

de la pierre. Allons, mes enfants, en avant!
Peut-être sommes-nous au moment de doter
l'industrie du bâtiment d'une source nouvelle
de matériaux et d'enrichir un grand nombre de
nos concitoyens.

Les cinq explorateurs arrivèrent bientôt à un
endroit où le sol allait s'abaissant rapidement
et où la végétation diminuait progressivement.
Aux arbrisseaux et aux herbes succéda un terrain caillouteux sur lequel il fallait avancer
avec précautions pour ne pas se blesser les
pieds.

Quelques mètres plus loin, le flanc de la montagne présenta des fissures où les blocs de
marbre apparaissaient, plus nombreux que précédemment.

— Plus nous allons, dit l'oncle Marius, plus
je me confirme dans la certitude que la montagne que nous contournons n'est qu'une immense agglomération de marbre, recouverte par
une couche de terre d'une mince épaisseur.

Soudain Jean, qui marchait en tête de la
bande, cria :

— Voici une grotte!

10.

Il s'arrêta, comme pétrifié par l'admiration, les yeux dilatés, la bouche ouverte et les bras en l'air.

L'aspect de la grotte était, en effet, magnifique. Elle était immense et partout tapissée de marbre. Les contours capricieux de ses parois offraient au regard un spectacle unique, dont ne pourrait donner une idée aucun des monuments élevés par les architectes. La nature avait formé là une sorte de vaste palais dont les bizarres découpures ne rappelaient aucun dessin connu.

L'oncle Marius rayonnait de joie. Il n'en doutait pas, cette caverne allait, à l'exploration, lui fournir la preuve que l'intérieur de la montagne n'était qu'un énorme bloc de marbre.

Il y pénétra, suivi de ses compagnons, et, sa lanterne allumée à la main, guida leur marche dans la carrière. Celle-ci s'étendait sur une grande longueur, formant de nombreuses sinuosités. Tantôt les dalles anguleuses qui en formaient le sol s'élevaient, tantôt elles s'abaissaient. Le couloir avait des carrefours et de nombreuses voies s'éloignaient de la rue principale dans toutes les directions. On eût dit une ville souterraine, une ville inhabitée, où régneraient constamment le silence et l'obscurité.

Pour ne pas se perdre dans ce labyrinthe, nos explorateurs eurent recours à un moyen renouvelé de celui qu'attribue Perrault au Petit Poucet, de célèbre mémoire. Ils déposèrent sur leur passage, de distance en distance, des miettes de la miche de pain qu'ils avaient emportée avec eux pour le cas où la faim les surprendrait, n'ayant pas à craindre que les oiseaux vinssent les manger, comme il arriva au héros dont nous avons tous lu les amusantes aventures.

Ainsi que l'avait prévu l'oncle Marius, les galeries souterraines s'étendaient dans tous les sens au plus profond des entrailles de la montagne. Son espérance se réalisait ; les blocs de marbre qui avaient attiré son attention sur les parois de la hauteur faisaient partie d'un gigantesque amas.

Jamais, à la suite d'une grande découverte, inventeur ne fut plus heureux que ne l'était notre ingénieur en présence de la richesse au cœur de laquelle l'avait conduit sa sagacité. Il triomphait. Il se représentait d'avance la stupéfaction des administrateurs de sa Compagnie, lorsqu'ils apprendraient qu'ils avaient à leur disposition, non pas une mine de cuivre, comme ils s'y attendaient, mais un trésor plus précieux encore. Et il éprouvait un légitime orgueil à se dire qu'il avait bien mérité de ses patrons et qu'il avait des droits à leur reconnaissance.

Il voulut détacher lui-même de la carrière le premier fragment de marbre. Il prit la pioche des mains de Kaddour et fit une entaille dans la paroi de la grotte.

— Il me semble, dit-il, que je pose la première pierre d'un monument.

Le fait est qu'il venait de prendre en quelque sorte, par son coup de pioche, possession d'un établissement qu'un ministre eût été fier d'inaugurer avec toute la pompe gouvernementale, entouré de hauts fonctionnaires de l'État et de journalistes qui eussent reproduit le lendemain, dans des articles dithyrambiques, les discours prononcés et le menu de l'obligatoire banquet.

— Et maintenant, dit-il, l'exploration terminée et les échantillons de marbre soigneuse-
ment enfermés dans un sac, nous avons bien
gagné le droit de faire de la fin de notre expédition un voyage de pur agrément. Ma mission
est mieux accomplie que si j'avais atteint le but
que l'on m'avait fixé, et nous pouvons continuer notre route libres de tout souci.

Le lendemain matin, nos amis partaient pour
Constantine, où ils arrivèrent dans les meil-
leures dispositions du monde.

CHAPITRE XII

Constantine.

Constantine est la ville arabe, la cité barbarésque par excellence. Les premiers explorateurs européens qui ont vu surgir cet amas de maisons, de mosquées et de bicoques se dressant sur les flancs d'un rocher escarpé et qui en couronnent le faîte, ont comparé Constantine à une aire d'aigle habitée par des êtres à peu près humains. Cette comparaison est tellement exacte, tellement frappante, qu'elle s'impose d'elle-même.

La capitale de la troisième province de l'Algérie est donc une ville d'aspect farouche, très incommode à habiter et où l'on est condamné à grimper perpétuellement, mais fort pittoresque. Le terrible torrent-fleuve dont le nom seul, le Rummel, semble indiquer le continuel rugissement, contourne le rocher qui sert de piédestal à la ville. Les eaux ont creusé un ravin circulaire dont la vue attire l'attention de tous les voyageurs. Ce ravin a une profondeur de 800 pieds ; on peut le contempler de l'extrémité de chaque rue, qui se termine par un parapet d'où l'on découvre un splendide panorama. Le Rummel, après avoir mugi et rugi à son aise autour des escarpements de la ville, coule dans la plaine, où il devient un fleuve calme et honnête.

Depuis quinze ans, on a fait beaucoup pour moderniser la ville de Constantine, qui a déjà dépassé le nombre 40 000 habitants qu'elle possédait au temps de sa plus grande prospérité. La place du Gouvernement, qui se trouve au

centre du plateau, est d'aspect tout à fait européen ; et la « société » s'y promène en foule
quand la musique joue.

Au-dessus du rocher de Constantine proprement dit se dresse une montagne plus haute
qui domine et protège la ville. C'est la Mansoura, couverte de verdure, et au-dessus de laquelle planent fréquemment d'énormes aigles
que les chasseurs du pays poursuivent impi-
toyablement. Quant aux vautours et autres oiseaux de proie qui battent des ailes au-dessus
des maisons de la ville, ce sont des hôtes trop
communs pour leur faire l'honneur de les tirer.
Les panthères et les hyènes aiment aussi à rôder
dans les environs, et les chasseurs de fauves peuvent déployer contre elles toute leur adresse et
tout leur courage.

Dans le quartier arabe, les rues sont très
étroites, avec des contreforts en saillie, qui
s'élargissent et se touchent presque par le haut.
Chaque corps de métier habite un quartier à part.
Dans les ruelles tortueuses, dans les échoppes
obscures, sont entassés des trésors incalculables
d'or et d'argent, de riches étoffes, des armes,

des selles et des caparaçons de toute espèce. Ce n'est toutefois qu'après avoir avalé une tasse de café et tenu de longs préambules que l'on parvient à engager les marchands, accroupis nonchalamment au milieu de leurs séduisantes marchandises, à se donner la peine de vous montrer et de vous vendre quelque chose ; leur commerce leur paraît indifférent et l'on est obligé de chercher soi-même dans leurs boutiques ce dont on a besoin.

— Comme il fait froid ! dit Cornélie au cours de sa première promenade dans la ville. On s'accommoderait fort bien d'un manteau.

— C'est que nous sommes à une altitude très élevée, et que la température diminue à mesure que l'on monte, expliqua l'oncle Marius. Les hivers de Constantine sont aussi rigoureux que ceux de l'Allemagne du Nord.

— Et d'après ce que j'ai lu, ajouta Numa, de même que le climat est rude, de même le caractère des habitants est plus âpre et moins conciliant qu'à Alger.

— Très vrai, fit Kaddour. Habitants de Constantine être restés un peu sauvages...

— Et ne pas beaucoup aimer la France, n'est-ce pas ? interrompit l'oncle Marius.

Kaddour acquiesça d'une inclinaison de tête.

— Ils ont bien tort, reprit l'ingénieur. Ils lui doivent la délivrance du joug le plus odieux et le plus sanguinaire qui ait jamais pesé sur un peuple. Le dernier bey de la province était une sorte de Néron berbère, qui tuait ses sujets, ou tout au moins les pressurait et les volait. On estime à plus de trois mille le nombre des malheureux qu'Achmet envoya au supplice. Beaucoup périrent de la mort la plus terrible : on les cousait dans des sacs que l'on précipitait ensuite dans le ravin du Rummel. Lorsque, au mois d'octobre 1837, les Français s'emparèrent de la ville, Achmet réussit à s'enfuir dans la montagne, où il soutint pendant onze années la lutte contre nos troupes. Il ne fit sa soumission qu'au mois de juin 1848.

— Il paraît, dit Numa, qu'un nombre considérable d'habitants de Constantine périrent lors de la prise de leur cité.

— Oui, expliqua l'oncle Marius ; ils craignaient d'être passés au fil de l'épée par les

Roumis; et pour échapper au sort qu'ils redoutaient, ils eurent recours à un moyen digne du célèbre Gribouille, qui, par crainte de la pluie, se jeta dans un fleuve.

Tandis que les bataillons français pénétraient dans la ville d'un côté, des grappes humaines de Constantinois, suspendues à des cordes, tentaient de descendre dans le ravin creusé par le Rummel, espérant se sauver ainsi dans la montagne. Mais beaucoup de ces cordes se rompirent, et des familles entières d'indigènes périrent de la mort la plus affreuse.

A l'époque de la conquête et pendant les années qui suivirent l'occupation, Constantine n'était rien moins qu'un paradis. Pour y arriver, il fallait passer à travers des fondrières; les voitures, du reste, ne circulaient pas pendant la plus grande partie de l'année, faute de chemins carrossables. Le voyageur n'avait d'autre ressource que le cheval; et lorsqu'il passait sain et sauf sous les arcades de la porte Vallée, il pouvait remercier le ciel d'avoir échappé aux Arabes, Kabyles et Bédouins qui, à peine vaincus et nullement soumis, faisaient le coup de feu sur toutes les routes. Constantine était alors si triste, si désolée, si morne, que les officiers qui y étaient envoyés considéraient leur garnison comme un exil.

Heureusement en un quart de siècle tout cela a changé. Aujourd'hui le chemin de fer arrive au pied de la ville, les routes sont convenablement entretenues, la population est gaie, et les officiers ne s'ennuient plus.

Il convient d'ajouter, pour les amateurs de pittoresque, qui ont toujours des appréhensions quand on parle de villes modernisées, que l'ancien quartier de Constantine n'a pas été détruit, qu'il est aussi sale et aussi odorant qu'autrefois; que dans les cafés mauresques, tapissés de nattes, les consommateurs ont toujours les jambes croisées, fument leur chibouque, boivent du café et jouent aux dames. Le Rummel a toujours son aspect terrible, le ravin est toujours aussi profond, les vautours s'attachent encore au flanc du rocher et les aigles battent encore de l'aile au-dessus des coteaux verdoyants de la Mansoura.

Nos amis ne se firent pas faute de visiter en

détail Constantine et ses environs. Au cours de leurs pérégrinations, ils s'arrêtèrent devant la pyramide, élevée à l'une des extrémités de la ville, en l'honneur du général Damrémont. On a gravé sur la face nord de cette pyramide l'inscription suivante :

ICI

FUT TUÉ

PAR UN BOULET

EN VISITANT

LA BATTERIE DE BRÈCHE

LE 12 OCTOBRE 1837

VEILLE DE LA PRISE DE CONSTANTINE

LE LIEUTENANT-GÉNÉRAL

DENYS COMTE DE DAMRÉMONT

COMMANDANT EN CHEF

L'ARMÉE FRANÇAISE EXPÉDITIONNAIRE.

Une traduction en arabe de cette inscription est gravée sur la face sud. Lieutenant-général a été rendu par l'onomatopée *lioutenan djeneral,* commandant en chef par *sultan-ed-Djezaïr* (sultan d'Alger), et 12 octobre par 12 *ok toubr* (il eût été plus logique de prendre la date correspondante de l'hégire, qui est toujours l'ère des indigènes). Du reste ce pauvre échantillon d'un nouveau style lapidaire n'a rien que puissent lui envier certaines enseignes des rues d'Alger, — les rues de la *Vouictouire* (Victoire) et *Bourt-Nouf* (Porte-Neuve) par exemple.

Sous la conduite de Kaddour, les voyageurs allèrent visiter un autre emplacement remarquable de la ville. C'est, au bas de Sidi-Rached. près du pont du Diable, une source thermale, recouverte d'une chambre voûtée dans laquelle les indigènes prennent des bains. Le trop-plein de la source tombe dans un bassin carré, où les soldats de la garnison vont lessiver leur linge et où les tanneurs font subir à leurs cuirs une première préparation.

Avant de quitter Constantine, l'oncle Marius voulut aussi conduire Cornélie et Numa aux bains de Sidi-Meçid, situés à 400 mètres de la ville, dans un verdoyant paysage où mène un sentier creusé dans le roc.

Ces bains sont alimentés par quatre sources d'eaux sulfureuses, alcalines et ferrugineuses, qui sortent de grottes naturelles et forment de fort belles piscines.

L'une de ces sources est connue des indigènes sous le nom de Bourmat-er-Rabat. Les femmes arabes et juives viennent tous les mercredis s'y baigner et y faire leurs dévotions, en jetant dans les eaux des *tomina* (gâteaux de miel et de semoule), en brûlant de l'encens et en tuant des poules.

Deux grandes piscines ont été aménagées pour la commodité des baigneurs européens. L'une, en forme de demi-cercle, a 37 mètres de diamètre et de $1^m,20$ à $1^m,50$ de profondeur; elle est alimentée par la source la plus abondante, qui y pénètre en cascades sonores. La seconde, de forme rectangulaire, réservée aux dames, mesure 2 mètres de longueur, 7 mètres de largeur et $1^m,25$ de profondeur; elle est alimentée par de petites sources sortant du rocher contre lequel elle est adossée.

Au-dessus des sources est un magnifique jardin planté d'orangers et de grenadiers; on y a établi un hôtel et un café restaurant. C'est la mode, à Constantine, d'aller se baigner le matin à Sidi-Meçid et d'y déjeuner ensuite; et l'oncle Marius et ses deux jeunes compagnons s'y rencontrèrent avec les beaux messieurs et les belles dames de la ville, dont ils purent admirer à leur aise les pimpantes toilettes.

CHAPITRE XIII

Une humble graminée. — Guelma.

De Constantine, nos voyageurs expédièrent un nouveau paquet de lettres. L'oncle Marius annonça à son frère et à son directeur l'heureuse trouvaille qu'il avait faite dans les Oulad-Kebbab.

« Dans une quinzaine de jours, disait-il à M. Badourot senior, nous serons de retour à Marseille ; et si notre voyage se termine comme il a commencé, nous n'aurons qu'à nous féliciter de l'avoir entrepris. Malgré les fatigues

nécessairement endurées, malgré le changement de vie et de climat, nous nous portons
tous aussi bien que possible. »

Numa et Cornélie envoyèrent à leur père le
récit des incidents de la route; Léocadie réé-
dita, avec de nombreuses additions, les jéré-
miades dont sa première lettre était pleine.
Quant à Jean, il fut tout bonnement épique.
Semblable au célèbre Tartarin de Tarascon, il
se monta tellement l'imagination qu'il finit par
croire et en arriva à affirmer que c'était lui qui
avait découvert la carrière de marbre.

Oui, cette carrière à laquelle l'ingénieur pensait constamment et dont il lui arrivait de
rêver la nuit, cette carrière dont il avait soup-
çonné l'existence à la vue des blocs qui émergeaient des flancs de la montagne et dans
laquelle il avait pu pénétrer par un orifice longtemps cherché, c'était Jean qui l'avait découverte.

« Voici comment la chose s'est faite, écri-
vait le domestique. Une après-midi, nous con-
tournions une haute colline. On entendait dans
le lointain les cris des bêtes fauves et des oiseaux

de proie. Je marchais en tête de la bande, rassurant par mon attitude courageuse et décidée ceux qui me suivaient. Je jetais de droite et de gauche des regards qui fouillaient chaque taillis et chaque pli de terrain, prêt à épauler ma carabine et à faire feu si quelque animal dangereux se fût montré. Soudain je m'arrête. Sur ma gauche je venais d'apercevoir l'entrée d'une grotte dont les parois étaient en marbre. C'était l'orifice de la carrière... »

Jean continuait son récit par une description détaillée, mais légèrement fantaisiste, de l'intérieur de la carrière et se livrait à des réflexions géologiques qui auraient sans nul doute fort étonné le monde savant. Il concluait en déclarant qu'il espérait bien recueillir, à son retour en France, les louanges et les récompenses qu'il méritait.

Et voilà comment on écrit l'histoire!

Après trois jours passés à Constantine, l'oncle Marius songea à se remettre en route.

— Eh bien, demanda-t-il à Kaddour, voulez-vous nous accompagner jusqu'à Tunis, ou préférez-vous nous quitter ici?

— Oh! moi vouloir vous suivre, répondit l'Arabe. Vous un très bon maître, et moi vous aimer beaucoup.

Au moment du départ, Léocadie se présenta munie d'un accessoire de voyage qui excita l'hilarité de ses compagnons. C'était un immense parasol en coton rouge, qu'elle fixa à la selle de son cheval avec toutes les précautions imaginables.

— Ah! çà, que voulez-vous faire de cet étrange en-tout-cas? lui demanda-t-on.

— M'en servir. Plus nous allons et plus il fait chaud. L'après-midi on cuit sous les rayons du soleil. Au moins avec mon ombrelle j'éviterai de me rôtir et je conserverai à mon teint sa fraîcheur naturelle.

— Vous devriez aussi mettre des gants, pour que vos mains ne brunissent pas, insinua l'oncle Marius.

Le conseil piqua la cuisinière; mais elle ne répliqua rien et se contenta d'esquisser une légère moue, estimant dans son for intérieur qu'elle avait bien le droit d'avoir sa coquetterie et sa petite vanité.

Léocadie se présenta munie d'un accessoire de voyage qui excita
l'hilarité de ses compagnons. (Page 194.)

Et dès que l'on fut sorti de Constantine, elle déploya son parasol rouge, sous lequel elle chevaucha gravement, s'efforçant de ne pas laisser paraître la gêne qu'elle éprouvait à maintenir à la fois son ombrelle en équilibre et sa monture en respect.

Il était à peine dix heures du matin, la température était des plus douces et le soleil ne se montrait que timidement; mais Léocadie n'avait pas acheté son encas pour ne pas s'en servir, et elle l'exhibait avec d'autant plus de précipitation et de complaisance qu'elle prétendait prouver, en l'étalant, combien elle était peu sensible aux remarques qu'il avait provoquées.

La route qui mène de Constantine à Guelma, et par où comptaient passer nos voyageurs, est une des plus belles de l'Algérie. Elle est, sur tout son parcours, entretenue avec le plus grand soin et traverse de vastes plateaux qu'a depuis quelques années accaparés l'industrie pour en extraire les produits.

Ces plaines sont couvertes à perte de vue d'une plante jonciforme, à la tige raide et nerveuse, haute de près d'un mètre, avec des feuilles

longues de 30 centimètres, coriaces et flexibles,
de nombreuses fleurs jaunâtres et de petites
graines.

— Vous voyez cette humble graminée, qui n'a
de remarquable que son abondance, dit l'oncle
Marius à ses compagnons ; c'est l'alfa ou auffe,
que l'on désigne aussi sous le nom de spart, et
que les naturalistes appellent *stipa tenacissima*
et classent dans la tribu des phalaridées.

« Il n'y a pas longtemps, cette herbe était consi-
dérée comme n'ayant aucune valeur, et son sort
était celui des plantes parasites, que l'on arrache
pour en débarrasser le sol ; aujourd'hui elle a
acquis un rôle économique important.

« On a commencé par fabriquer avec ses
feuilles divers ouvrages, nattes, tapis, cordes,
corbeilles, chapeaux, sandales, et cætera, connus
sous la désignation de sparterie. Vous en avez
vu de nombreux échantillons à Marseille et vous
avez sans doute porté au jardin, pendant l'été,
quelqu'un de ces immenses chapeaux que l'on
vend pour un prix des plus modiques et que l'on
dirait fabriqués avec de l'écorce de bois. Puis un
industriel anglais songea que l'alfa était propre

à être transformée en pâte à papier, et en 1867 cinq tonnes de cette plante lui furent expédiées de Mers-el-Kébir à Liverpool, où il procéda à des expériences qui établirent le bien fondé de ses suppositions.

« A partir de ce moment, l'alfa est devenue en Algérie un article d'exportation, dont l'importance s'est accrue de jour en jour, et d'autant plus vite que des steppes de spart, situées dans l'Andalousie, sont complètement épuisées. Aujourd'hui, c'est par milliers de tonnes que l'on envoie l'alfa en Europe. Des chemins de fer ont été construits uniquement pour faciliter son transport : tel est celui d'Arzeu à Saïda, qui a une longueur de plus de 200 kilomètres.

— Mais, mon oncle, demanda Numa, pourquoi n'avons-nous pas, en France, des champs d'alfa, puisque cette plante rend de si grands services ?

— Pour la très simple raison qu'elle n'aurait pas, sur notre sol, assez de chaleur pour acquérir toute sa croissance. Ici, elle pousse très bien sans qu'on s'en occupe ; chez nous, elle pousserait sans doute très mal, même si l'on s'en occupait beaucoup.

— Et dites-moi, mon oncle, interrogea à son tour Cornélie, puisqu'on fait avec l'alfa des nattes, des tapis et toutes sortes d'autres choses, pourquoi n'essaye-t-on pas d'en faire aussi des vêtements ?

— Ta question est très juste, et nous aurons sans doute quelque jour des redingotes et des robes d'alfa.

— Vêtements d'alfa exister déjà, déclara Kaddour, et se vendre très bon marché.

Il disait vrai ; les Arabes commencent à fabriquer avec l'alfa des costumes fort solides et très commodes en été.

— Vous voyez, reprit l'ingénieur, quelle révolution économique cette plante a produite. Et qui sait si on ne l'emploiera pas, dans un avenir prochain, à de nouveaux usages ? Une société s'est récemment formée à Paris pour exploiter les champs d'alfa ; peut-être trouvera-t-elle à l'utile graminée des applications auxquelles on n'a pas pensé jusqu'à présent.

Deux jours après avoir quitté Constantine, nos voyageurs campèrent le soir à Ras-el-Akba, défilé situé au pied de la pente méridionale du

Djébel-Sada. Ils établirent leur tente au milieu des ruines d'Announa, ville romaine dont le nom antique, Tibili, longtemps ignoré, a été retrouvé par le général Creuly.

Bientôt nos amis arrivèrent enfin à Guelma, la dernière ville de quelque importance où ils devaient s'arrêter sur le territoire de l'Algérie. Elle leur apparut sur une colline, dominant la Seybouse, avec son enceinte de murailles et ses massifs de verdure. Ils s'y arrêtèrent à peine, firent une rapide visite aux sources minérales qui jaillissent dans les environs, jetèrent un coup d'œil sur les inscriptions anciennes, et, pressés de pénétrer sur le sol tunisien, repartirent dès que les chevaux eurent pris un repos suffisamment réparateur.

CHAPITRE XIV

Un effet de mirage. — En Tunisie.

Le lendemain du jour où ils avaient quitté Guelma, nos amis, en traversant une vaste plaine sablonneuse, assistèrent à un effet de mirage.

Tout à coup des arbres et des maisons leur apparurent, renversés dans un lac. Et déjà Cornélie et Numa se réjouissaient de voir un village où ils allaient pouvoir faire halte, lorsque l'oncle Marius les mit en garde contre l'illusion dont ils étaient l'objet.

— Vous assistez, leur dit-il, à un phénomène

bien connu sous le nom de mirage et que l'on observe très fréquemment en Égypte et dans le Sahara Vous croyez voir de l'eau, en réalité vous n'en voyez pas.

— Mais, mon oncle, demanda Numa, comment ce phénomène peut-il se produire?

— On l'explique par les grandes différences de température qui, dans les climats chauds, existent quelquefois, par un temps calme, entre deux couches de l'atmosphère.

« Si un rayon lumineux, tendant à passer d'une couche plus dense dans une couche moins dense, se présente sous une inclinaison trop faible, il peut y avoir réflexion totale sur la surface de séparation; et si cette surface est sensiblement plane, un objet placé au milieu d'une couche relativement dense de l'atmosphère pourra fournir une image, comme si les rayons qui en émanent se réfléchissaient sur une nappe d'eau.

« Ce phénomène s'est souvent présenté à nos soldats en Égypte : les couches d'air en contact avec le sol étant fortement échauffées, les arbres éloignés, dont la vision directe se faisait dans une direction presque horizontale, fournissaient souvent une image renversée, comme il eût pu arriver si un lac s'était trouvé interposé entre eux et la colonne expéditionnaire. Les soldats, trompés par ce mirage, marchaient à la rencontre de la nappe d'eau imaginaire, et s'épuisaient en vaines recherches pour la découvrir.

« Un phénomène analogue se présente souvent sur les bords de la mer, mais dans des conditions différentes : la colonne d'air qui a sa base sur le sol peut être relativement très chaude par rapport à celle qui s'appuie sur la mer ; dans ce cas, la surface de séparation des deux milieux est un cylindre vertical et le mirage produit des images droites. »

Au fur et à mesure qu'ils avançaient, nos amis constatèrent, en effet, que le spectacle illusoire qu'ils avaient pris pour la réalité fuyait devant eux. Puis un moment arriva où il disparut subitement et où le paysage reprit son aspect naturel.

Les voyageurs avaient, dès leur départ d'Alger,

adopté l'habitude de se coucher et de se lever
en même temps que le soleil. On pouvait ainsi
se mettre en marche de grand matin, sans rac-
courcir le temps nécessaire au repos.

Or il était, dans la journée, arrivé un accident à Léocadie. L'effet du mirage lui avait
un peu fait perdre la tête, et, dans son
extatique contemplation du phénomène, elle
avait laissé choir son parasol rouge, sur lequel Macache et le cheval de Jean avaient
piétiné. Quand la domestique ramassa son
précieux en-cas, elle constata — et les larmes
lui vinrent presque aux yeux — qu'il était fort
endommagé. Le manche et les baleines étaient
à peu près indemnes, mais l'étoffe était
crevée à plusieurs endroits.

Abandonner maître rifflard, pour rien au
monde Léocadie n'y eût consenti. D'abord elle
trouvait qu'il la protégeait très efficacement
contre le soleil, dont les rayons, à cette époque
de l'année et dans le pays qu'elle parcourait,
commençaient à être incommodants. Puis son
instrument était devenu pour elle comme un
ami et elle se proposait de le rapporter à Mar-

seille comme un souvenir de ses jours de tribu-
lation en Afrique.

Aussi, le soir arrivé, lorsque ses compagnons
se couchèrent, la servante voulut, avant de se
mettre au lit, réparer son parasol. Elle n'avait
pas eu le temps de procéder plus tôt à cet important travail, occupée qu'elle avait été par ses
fonctions de cuisinière ; mais elle n'entendait pas
renvoyer au lendemain l'accomplissement d'une
tâche aussi urgente qu'obligatoire, et elle s'at-
tela à la besogne.

Elle alluma une bougie, discuta quelque
temps avec elle-même le point capital de savoir
si elle raccommoderait son ombrelle avec du fil
noir ou avec du fil blanc (elle n'avait pas de fil
rouge), finit par se décider pour du fil blanc,
enfila son aiguille, et, assise sur son pliant tout
près de la lumière, procéda avec tout le soin
imaginable au pansement des plaies béantes de
maître rifflard.

Mais au bout de quelques minutes, elle vit, vol-
tigeant autour de sa bougie, des insectes dont
le nombre allait sans cesse croissant et qui se
livraient sur sa figure à de fort désagréables in=

cursions. Elle éprouvait au visage de cuisantes piqûres. En vain elle chassait par des mouvements brusques de la main les hôtes incommodes; dès qu'elle cessait les hostilités pour reprendre son travail, ils revenaient à la charge, et, comme pour se venger d'avoir été mis en fuite, ils redoublaient d'ardeur dans leurs attaques.

Néanmoins Léocadie tint bon et continua son œuvre, supportant, avec un stoïcisme qui touchait à l'héroïsme, les douleurs qu'elle endurait. Elle s'était juré que son parasol serait prêt pour le lendemain matin, et, quoi qu'il dût lui en coûter, elle entendait qu'il fût prêt. La seule concession à laquelle elle se résolut fut de précipiter un peu son travail et de le terminer avec moins de soins qu'elle ne s'était proposé d'y en apporter.

Mais pendant la nuit elle fut tourmentée par de continuelles démangeaisons qui l'empêchèrent de fermer l'œil, et au matin elle parut devant ses compagnons le visage couvert de petites enflures rouges. Si elle avait voulu, suivant ce qu'elle avait dit en quittant Constantine, conserver la fraîcheur de son teint en s'abritant du soleil, elle n'avait pas réussi à la préserver de pires ennemis.

— Je parie que vous avez gardé de la lumière près de vous pendant la nuit, fit l'oncle Marius.

— Pas précisément, mais j'ai passé, hier soir, une bonne heure à rapiécer mon en-cas à la lueur d'une bougie.

— Voilà! Et les moustiques s'en sont donné à cœur joie sur votre blanche peau. Vous êtes punie par où pèche si volontiers votre sexe: par coquetterie vous avez voulu avoir un parasol et le raccommoder quand il a eu éprouvé des avaries; vous payez votre fantaisie de la perte même de ce que vous prétendiez conserver par vos précautions.

— Et j'en ai pour longtemps, demanda Léocadie, à rester ainsi comme marquée de la petite vérole?

— Non, heureusement pour vous. Dans deux ou trois jours, à condition de ne pas irriter vos piqûres en y portant la main, l'inflammation aura cessé; puis, peu à peu, les traces du mal disparaîtront complètement. Vous pouvez vous rassurer, vous aurez recouvré vos couleurs quand nous débarquerons à Marseille.

— Mais, mon oncle, interrogea Cornélie, n'y a-t-il pas quelque moyen de se préserver contre les piqûres des moustiques?

— Si, il y en a un, c'est de s'entourer d'un moustiquaire, c'est-à-dire d'une gaze à travers laquelle les insectes ne puissent pas passer. Le soir, quand on se tient près d'une lampe ou bougie allumée, il est indispensable, dans les pays chauds, d'avoir recours à cette précaution, si l'on ne veut pas avoir le visage dévoré.

Nos voyageurs arrivèrent sans encombre au village de Gardinaou, qui se trouve sur la frontière de l'Algérie et de la Tunisie.

— Nous voici enfin parvenus sur le territoire de la Régence, dit l'oncle Marius, — dans une province à laquelle la densité de sa population et sa situation géographique donnent une importance bien supérieure à celle qui devrait lui revenir proportionnellement à son étendue. La Tunisie est dans un état de transition aiguë. Encore officiellement puissance mahométane, elle est en réalité une partie de l'empire colonial français depuis le 12 mai 1881, date à laquelle elle fut définitivement placée sous notre protectorat. Les décrets qui la régissent sont toujours datés de l'année de l'hégire et précédés d'anciennes formules orientales ; mais une ère nouvelle a commencé pour elle, et c'est de l'Occident que lui viennent aujourd'hui la force vive, l'impulsion et la volonté.

« Tout change à vue d'œil dans ce magnifique pays, sous l'influence des éléments étrangers : population, aspect des villes et des campagnes, viabilité, industrie, direction des courants commerciaux, et l'on est en droit d'espérer que, grâce à cette rénovation, la contrée sera bientôt une source considérable de richesses de toutes sortes.

« Bientôt nous serons à Tunis, sur la côte du golfe où, dominant à la fois le passage central de la Méditerranée et l'entrée naturelle du continent lybien, se dressait l'antique Carthage, qui devint le principal marché de l'ancien monde et balança longtemps la fortune et la prépondérance de Rome.

12.

— Mais, mon oncle, interrogea Numa, est-ce que la France exerce sur la Tunisie une domination absolue?

— Absolue, non. Le gouvernement du pays est, pour ainsi dire, à deux têtes, à la fois beylical et français. En vertu de la convention du Bardo, le bey règne et jouit d'un pouvoir absolu dans toutes les affaires intérieures; mais la France, devenue protectrice de la Tunisie, se charge d'en défendre la sécurité à l'extérieur et d'en administrer les finances par l'entremise d'un résident général; c'est elle, en d'autres termes, qui dispose des ressources militaires et de l'argent du pays.

« Toutefois, à certains égards, la Tunisie est restée un État distinct, une individualité politique ayant son administration et sa législation spéciales et possédant des intérêts distincts de ceux de l'Algérie limitrophe.

« Dans les petites villes, les rapports entre les Français et les indigènes sont réglés par l'intermédiaire des consuls et de *contrôleurs civils*, comme entre des populations étrangères; on s'oppose même à ce que les « sujets du bey » se fassent naturaliser Français.

— Mais enfin quel est, du bey et du résident général, le dépositaire du pouvoir prépondérant?

—Ni l'un ni l'autre. Chacun d'eux a sa sphère d'action. Le bey exerce un pouvoir nominalement absolu, mais limité en fait par un budget strictement fixé. De son côté, le résident général a le droit d'édicter des décrets; il est le dépositaire des pouvoirs de la République Française dans la régence, et a sous ses ordres les commandants des troupes de terre et de mer et tous les hauts employés des services administratifs.

— Et comment la France a-t-elle été amenée à établir son protectorat sur le pays?

— Ce fut par suite des embarras financiers du souverain que des troupes françaises occupèrent la contrée. Le bey avait de nombreux créanciers qui avaient fini, sous prétexte d'assurer le recouvrement de l'argent qu'ils avaient prêté, par s'emparer de presque toutes les prérogatives gouvernementales, livrant ainsi le pays à l'intrigue et à des compétitions ruineuses pour le peuple. Puis des complications politiques vinrent se greffer sur ces difficultés et aboutirent aux événements de 1881. Aujourd'hui la France assure le service de la dette publique et garantit les droits des créanciers de la Tunisie.

CHAPITRE XV

Une colonie viticole.

Nos voyageurs n'étaient plus qu'à deux journées de marche de Tunis lorsqu'ils traversèrent un vaste plateau tout couvert de vignes. Au centre s'élevait un petit village, composé de maisons blanches d'une construction identique, et qui apparaissait, propre et gai, dans la pleine lumière du pur soleil.

De nombreux travailleurs étaient éparpillés dans les vignes, s'occupant des soins qu'elles réclamaient. Déjà, quoiqu'on ne fût encore qu'au mois de mai, les grappes de raisin étaient formées, promettant d'abondantes vendanges.

Sur le passage de la petite caravane, les vignerons levaient la tête et regardaient, échangeant leurs remarques. Ils s'exprimaient en français.

Or, la langue maternelle, quand on l'entend parler hors de la mère patrie, sonne à l'oreille avec une douceur particulière. En l'écoutant, l'exilé se figure aisément qu'il est moins loin du pays absent, et le voyageur s'arrête volontiers, comme séduit par une musique dont les vibrations vont tout droit à son cœur.

— Si nous nous arrêtions dans ce village pour y déjeuner? proposa l'oncle Marius. Nous y serions au milieu de compatriotes et nous causerions un moment avec eux.

L'offre ayant été acceptée avec accompagnement de joyeuses exclamations, M. Badourot junior arrêta son cheval près d'un des cultivateurs.

— Pardon, Monsieur, lui dit-il, y a-t-il, dans le village que nous apercevons là-bas, quelque auberge où nous pourrions déjeuner?

— Non, Monsieur, il n'y en a pas ; mais si vous vouliez bien, vous et vos compagnons, partager chez moi la fortune du pot, ce serait pour ma femme et pour moi un grand plaisir de vous recevoir dans notre modeste demeure.

L'ingénieur, par discrétion, allait décliner l'invitation, ne voulant ni distraire le viticulteur de ses travaux ni lui occasionner dérangements et dépenses. Mais celui-ci insista.

— Entre compatriotes qu'un heureux hasard met en présence en pays étranger, il est, poursuivit-il, permis d'agir un peu sans façons. Je vous offrirai tout juste le brouet noir du Spartiate, mais du moins mon hospitalité sera cordiale et nous boirons ensemble à la prospérité de la France que tous nous aimons tant ici. Venez; si vous y consentez, toute la colonie se joindra à nous pour trinquer au dessert, et nous serons vos obligés pour nous avoir apporté un écho de nos lointains foyers.

Après des paroles manifestement si sincères, il eût été hors de saison de s'en tenir aux règles d'une rigide cérémonie. L'oncle Marius tendit la main à son interlocuteur.

— Merci, Monsieur, lui dit-il, de me parler ainsi ; nous sommes vos hôtes.

Il descendit de cheval ; Numa et Cornélie imitèrent son exemple, et tous les trois suivirent le vigneron, après avoir confié leurs montures à Kaddour et à Jean.

— Vous allez sans doute à Tunis ? demanda le cultivateur, chemin faisant.

— Oui, nous comptons nous y embarquer dans quelques jours pour Marseille.

Et, profitant de cette entrée en matière, l'ingénieur déclina son nom, présenta son neveu et sa nièce et indiqua en quelques mots le but de son voyage.

A son tour, le viticulteur déclara qu'il s'appelait Georges Mauduit et qu'il était membre de la colonie du Petit-Libos.

— Le Petit-Libos, dit-il, c'est le village où nous allons arriver. Nous l'avons fondé il y a cinq ans et nous nous y sommes installés avec nos familles. Notre colonie compte à peine cent membres qui ne demandent à la vie que la tranquillité et le pain de chaque jour honorablement gagné. Jusqu'ici, grâce à notre labeur et à la simplicité de nos goûts, nous avons réussi à tirer du sol de quoi suffire à nos besoins; et comme le plus dur de la besogne est accompli, nous espérons léguer à nos enfants un établissement prospère.

Du reste, la plus complète harmonie règne parmi nous; nous sommes à l'abri des querelles que l'ambition occasionne et que la différence des intérêts envenime. Nous vivons entre nous, nous bornant, quand les circonstances nous mettent en rapport avec des indigènes tunisiens, à les traiter avec toute la déférence et l'urbanité possibles, ce qui est, croyons-nous, le meilleur moyen de leur faire aimer le pays qui a étendu sur eux son protectorat.

— Est-il donc vrai que les Tunisiens détestent la France?

— Ils ne la détestent pas, mais ils n'ont pas encore eu le temps d'apprendre à l'aimer. Ce n'est pas au lendemain d'une conquête à main armée que les vaincus peuvent éprouver un réel attachement pour leurs ennemis victorieux.

Plus tard, quand ils comprendront qu'ils ne sont menacés dans aucune de leurs habitudes et que leur autonomie elle-même est respectée, ils se féliciteront sans doute d'être sous la tutelle civilisatrice de notre pays; mais il faut savoir être patient avec eux et ne pas leur demander trop à la fois.

Tout en causant, on était arrivé au Petit-Libos. M. Mauduit conduisit ses hôtes à son habitation et les présenta à sa femme, qui, au moment de leur entrée, s'occupait des apprêts du repas.

Elle était tout accorte et toute pimpante, et elle accueillit les voyageurs avec un sourire épanoui et un vigoureux serrement de main. Pour leur faire honneur, elle sortit d'une armoire son linge le plus fin et de la vaisselle de ruoltz reluisante de propreté qu'elle étala sur la table; puis elle alla chercher une terrine d'où elle retira ce que l'on appelle dans le midi de la France des quartiers de canard, c'est-à-dire des membres déjà soumis à une première cuisson et conservés dans la graisse. Ces quartiers, frits dans la poêle, constituent un mets des plus délicats.

— Il faut m'excuser si je vous fausse un peu compagnie, dit Mme Mauduit à l'oncle Marius ; les domestiques sont un luxe inconnu au Petit-Libos et je remplis moi-même les fonctions de cuisinière. Du reste, si je ne bavarde pas avec vous maintenant, je vous promets de me rattraper à table.

— A la bonne heure, fit son mari. Pour te laisser le champ libre, nous allons, en attendant que le déjeuner soit prêt, nous assurer, M. Badourot et moi, que ses chevaux ne manquent de rien, et inviter nos voisins à venir nous rejoindre dans une heure sous le hangar, où, en se serrant un peu, il y aura place pour tous.

Les deux hommes sortirent, suivis de Cornélie et de Numa. Jean et Kaddour avaient déjà attaché Macache et ses compagnons de domesticité dans la cour de la maisonnette. Léocadie était assise sur une grosse pierre, son parasol rouge grand ouvert à la main.

— Je regrette, dit le viticulteur, de n'avoir pas d'écurie où vos animaux puissent se reposer à leur aise ; mais à défaut d'une bonne litière, ils auront du moins une abondante pitance.

Et tandis que l'oncle Marius envoyait Léocadie aider Mme Mauduit, l'aimable colon indiqua à Jean et à Kaddour le groupe où étaient emmagasinés les fourrages destinés à ses bœufs. Puis il s'absenta quelques minutes pour prier un de ses voisins de convier chez lui, de sa part, tous les habitants du Petit-Libos.

Quand il revint, Macache et les chevaux étaient pansés et le déjeuner était prêt. On s'assit autour de la table hospitalière, la maîtresse de la maison laissant à Léocadie le soin de servir. Jean et Kaddour disposaient le hangar, en attendant leur tour de prendre leur repas.

Tout en mangeant, on causa de la France, de ses affaires politiques, de ses difficultés et de ses espérances. Puis, quand l'oncle Marius eut satisfait la curiosité de M. et Mme Mauduit sur les questions à l'ordre du jour qui les intéressaient le plus, il les interrogea à son tour.

— Ainsi, dit-il, vous vous êtes faits viticulteurs?

— Nous l'étions tous en France avant de venir nous établir en Tunisie. Mais le phylloxéra avait détruit nos vignobles et nous étions à peu près ruinés. Tous les colons du Petit-Libos viennent du département de Lot-et-Garonne. Lorsque nous avons compris qu'il fallait renoncer à l'espérance de voir nos vignes triompher du fléau qui les assaillait, nous nous sommes réunis pour venir fonder cet établissement, auquel nous avons donné le nom de Petit-Libos, en souvenir du Libos où nous habitions presque tous.

— Et votre entreprise a réussi?

— Oui. Après cinq années d'un rude et incessant labeur, nous sommes parvenus à obtenir des vignes pleines de promesses et qui commencent déjà à rapporter plus qu'elles ne coûtent. Au début, nous n'étions pas sans redouter que le plant américain, dont nous nous sommes servis, ne s'acclimatât pas sur le sol tunisien; mais aujourd'hui toutes nos craintes sont dissipées. Nous avons récolté un vin très généreux, que nous avons facilement vendu. Du reste, vous pouvez juger vous-même ses qualités et ses défauts; celui que nous buvons provient de mon vignoble.

— Il est excellent, dit l'oncle Marius, et je voudrais bien que nous en eussions à Marseille d'aussi pur pour un prix abordable. Mais, hélas! plus nous allons et moins les vignes françaises produisent; et comme les besoins de la consommation ne diminuent pas, il faut maintenant, à moins de payer très cher, se contenter de sophistications toujours désagréables au goût, sinon préjudiciables à la santé.

— Oui, et le malheur est que si nos compatriotes ont recours au plant américain pour créer de nouveaux vignobles, il y a quatre-vingt-dix-neuf à parier sur cent que le phylloxéra, qui s'est propagé partout en France, les détruira comme il a détruit les anciennes vignes. C'est triste, mais c'est ainsi; et le plus sage est, à mon avis, non pas de perdre son temps et sa peine à appliquer des remèdes coûteux et suivant toute probabilité inefficaces, mais bien de tenter, sur un sol indemne de l'invasion, des cultures vraisemblablement appelées à un avenir prospère. La viticulture, vous le savez, a très bien réussi en Algérie et déjà les vins de notre colonie sont fort appréciés en France, où on les débite à bon compte. Pourquoi n'en serait-il pas de même en Tunisie?

— Mais, Monsieur, demanda Numa, est-ce que vous ne redoutez pas que le phylloxéra attaque vos vignes comme il a attaqué les vignes françaises?

— Ah! cela peut assurément arriver dans l'avenir, mais il faut espérer que nous resterons au moins longtemps à l'abri du terrible fléau.

— Mais les frais d'installation doivent être considérables, reprit l'oncle Marius; et de plus les plantations de vignes ne rapportent guère qu'au bout de quatre ans.

— Il faut, il est vrai, patienter avant de récolter; mais n'en est-il pas de même dans toutes les entreprises? Quant aux frais d'installation, ils sont minimes; les concessions de terrain s'obtiennent à bas prix et avec des facilités de payement qui dégrèvent beaucoup les premières années d'exploitation. Ajoutez que l'on vit ici pour presque rien : le jardin et la basse-cour entretiennent presque complètement la maison.

— Et vous ne vous ennuyez pas? demanda Cornélie.

—Pas du tout, Mademoiselle.

— Vous ne devez cependant pas avoir de nombreux amusements ?

— Non, mais nous habitions, en France, des localités où les distractions n'abondaient pas. Peut-être un citadin, avant d'être accoutumé à notre existence de colon, trouverait-il parfois le temps long; mais, croyez-moi, il apprécierait vite les avantages dont nous jouissons, — la santé, fruit de nos habitudes régulières et de nos saines occupations, — la tranquillité, loin du monde et de ses soucis, — l'harmonie qui règne parmi nous et fait de tous les membres de notre colonie une seule famille.

«Nous ennuyer!... comment le pourrions-nous, avec le travail qui remplit toutes nos journées ? Que si, le soir venu, nous avons quelques instants à donner au plaisir, nous nous réunissons et nous amusons fort bien, je vous l'assure. Nous n'avons pas de café, mais nous avons des cartes, des échecs, voire même un billard, que nous avons fait venir de Tunis en même temps qu'un piano. Billard et piano appartiennent à la communauté ; ils ont été achetés grâce à une cotisation et sont à la disposition de quiconque désire s'en servir. Et il y a parmi nous quelques jeunes femmes qui nous font de la musique très acceptable ; nous n'allons pas à l'opéra, mais nous nous sommes procuré quelques partitions que nous étudions volontiers.

— Ainsi vous ne souffrez nullement de votre exil? interrogea Numa.

— Nullement, ce serait-peut-être beaucoup dire ; voyez-vous, mon cher Monsieur, on n'emporte pas, quoi qu'on en puisse penser, le sol de la patrie à la semelle de ses souliers, et il y a bien de loin en loin des moments où nous pensons avec quelque tristesse à notre cher pays ; mais que voulez-vous, il faut savoir se faire une raison. Aussi bien, convenez-en, nous serions trop heureux si nous n'avions rien à regretter et rien à désirer.

Le déjeuner terminé, l'oncle Marius offrit galamment son bras à Mme Mauduit et la conduisit au hangar. Presque tous les colons étaient déjà arrivés ; ils saluèrent nos amis, puis chacun s'assit comme il put, qui sur un banc, qui sur une futaille, qui par terre, tandis que Kaddour et Jean versaient dans des verres et dans des tasses, dont le plus grand nombre avait été prêté par des voisins, le café qu'ils avaient préparé.

— Allez déjeuner, mes braves, leur dit M. Mauduit ; et quand vous aurez fini, vous viendrez nous rejoindre.

On aurait pu se croire en France, au milieu de ces cultivateurs qui tous avaient gardé le culte de la mère patrie et qui parlaient d'elle avec une visible émotion.

M. Mauduit fit visiter à ses hôtes son cellier et son étable, son jardinet amplement pourvu de légumes et d'arbres fruitiers de toutes sortes. Puis toute la colonie sortit pour accompagner nos amis dans le village et dans les vignes qu'on tenait à leur montrer.

Le Petit-Libos n'avait qu'une seule rue ; il comprenait en tout une trentaine de maisonnettes, d'une construction légère, composées d'un rez-de-chaussée et d'un étage. Une extrême propreté y régnait et l'on sentait que *l'aurea mediocritas* du poète, cette aisance placée à égale distance de la richesse et de la pauvreté, s'y était installée.

Il fallut ensuite que M. Badourot et ses compagnons parcourussent une à une les vignes des colons. Toutes étaient dans un état d'entretien qui témoignait d'une vigilance assidue.

De loin en loin, des palmiers rompaient l'uniformité du paysage et répandaient un peu d'ombrage sur la terre fortement chauffée par le soleil.

— Voilà, dit Numa, des arbres sous lesquels il doit faire bon s'asseoir et se reposer un moment de son travail.

— Assurément, mais vous auriez tort de croire qu'ils ne sont là que pour l'agrément. Chaque palmier rapporte, en moyenne. vingt-cinq francs par an.

— C'est plus que n'ont rapporté, depuis qu'ils existent, tous les palmiers réunis de Nice et de Cannes, observa Numa en riant.

— Oui, parce que, malgré la clémence du cli-

mat, la chaleur n'est pas suffisante, là-bas, pour
que le fruit se forme et mûrisse. Ici, le palmier
n'exige, pour produire, que fort peu de soins :
il suffit de creuser autour de son pied un fossé
où l'on maintient constamment de l'eau. Les
dattes se forment en mars et arrivent à matu-
rité en octobre.

— Les indigènes en mangent, paraît-il, de
grandes quantités, dit Cornélie.

— Oui, c'est leur aliment principal.

— Mais l'arbre lui-même se prête, je crois, à
différents usages, observa Numa.

— Oui, les fibres servent à faire de très
bonnes cordes; mélangées avec du mortier,
elles forment du torchis pour les habitations.
Avec les feuilles, on tresse des corbeilles.
Elles remplacent également le chaume. Enfin,
quand le palmier ne donne plus de fruits,
on en creuse le tronc pour en faire des con-
duites d'eau, des colonnes et toutes sortes de
meubles.

L'après-midi était déjà fort avancée quand
l'inspection fut achevée et les colons pres-
sèrent nos amis de rester parmi eux jusqu'au

lendemain matin. Mais l'oncle Marius tenait à profiter des dernières heures du jour pour continuer sa route, et après une collation, la petite caravane repartit après avoir souhaité aux habitants du Petit-Libos longue vie et prospérité.

CHAPITRE XVI

Tunis.

Pendant le reste du trajet, les voyageurs campèrent sur les plateaux, où les grandes tribus font pacager leurs nombreux troupeaux de brebis et de chameaux et dont l'aspect présente un charme étrange et de puissantes attractions.

On retrouve là la vie des premiers âges, à la fois pastorale, patriarcale et contemplative; on y peut aisément se figurer l'existence biblique des patriarches. Que l'on pénètre dans un douar, on y rencontrera Jacob, Rébecca, Joseph et ses frères, avec leurs tentes et leurs troupeaux.

La dernière halte que fit la troupe fut à Tebourka, sur les bords de la Medjerdah, principale rivière de la Tunisie.

— Encore cinquante kilomètres et nous serons arrivés au terme de notre voyage sur la terre d'Afrique, dit l'oncle Marius. Les chevaux se sont peu fatigués ces derniers jours, aussi nous pouvons nous promettre de coucher ce soir à Tunis.

Comme la nuit tombait, nos amis faisaient en effet leur entrée dans la capitale du pays et se rendaient à l'hôtel des Princes, où ils trouvèrent bon souper et bon gîte.

Tunis n'a pas aujourd'hui moins de 225,000 habitants. Probablement antérieure à Carthage, elle eut ses époques de grande prospérité. Une seule fois elle tomba au pouvoir des chrétiens. En 1270, Louis IX ne put s'emparer que du *chastel* de Carthage et mourut sur un lit de cendres avant que le roi de Tunis, Aboû-Mohammed, eût demandé la paix; mais en 1535, Charles-Quint entra dans Tunis et fit bâtir le fort de la Goulette. Toutefois l'année ne s'était pas écoulée que la ville était déjà reprise par Kheïr-ed-Din; et depuis cette époque, elle est restée sous le gouvernement de princes vassaux des Turcs jusqu'en 1881.

Tunis a une enceinte fortifiée, excepté du côté de la Bahira, où les murailles ont disparu, cédant, pour ainsi dire, à la poussée de la population qui déborde.

Les rues de la vieille ville ont sur les avenues régulières de la ville moderne l'avantage du pittoresque et de l'imprévu. Aucune n'est droite; partout des angles et des saillies, des courbes de rayons différents. Des voûtes de hauteurs inégales passent au-dessus de la rue, les unes, simples arcades, unissant les deux maisons qui se font face, les autres portant un ou

deux étages sur leurs nervures entre-croisées.
Quelques-unes de ces voûtes sont assez longues
pour former de véritables galeries. Des colonnes
de marbre, apportées de Carthage, soutiennent
la naissance des arcades ou bien encadrent les
portes des demeures avec leurs chapiteaux ba-
riolés. Des herbes folles croissent dans les
lézardes des voûtes ; dans les coins se penchent
des arbres abritant quelque échoppe ou les
bancs d'un café.

Vers le haut de la ville, se ramifie le labyrinthe des *Soûk*, dont chaque rue, voûtée ou
surmontée de charpentes, est habitée par des
gens d'une même corporation. Dans mainte
ruelle, l'atelier est contigu à la boutique : on
tisse la toile, on dévide la laine, on teint les
chechias, on martelle le cuivre, à côté de la
foule des acheteurs et des marchands qui se
presse dans un couloir étroit.

Peu d'animaux, à peine quelques ânes, se
voient dans le quartier des marchés ; mais dans
les faubourgs, les rues qui mènent aux portes
de la ville sont encombrées de chevaux, de mulets et de chameaux, entre lesquels passent à

grand'peine des voitures cahotées sur les pierres et dans les bourbiers.

Partout on rencontre les traces d'une superstition qui est restée au fond du caractère tunisien. Ce sont, pour la plupart, des pratiques antérieures à l'islam. Les indigènes, par exemple, teignent la queue et trois des jambes de leurs chevaux d'attelage d'un jaune orange vif, que l'on tire du henné ; si l'on teignait les quatre jambes, cela porterait malheur. Les gens des tribus suspendent encore des lambeaux de laine à certains arbres désignés par la tradition ; ils craignent le mauvais œil et protègent leur demeure par la marque des cinq doigts, — le nombre cinq, symbole du poisson, étant considéré comme particulièrement favorable. Lors des sécheresses, ils ont recours aux conjurations pour ouvrir « les portes des nuées ».

— Ne trouvez-vous pas, mon oncle, dit Numa au cours d'une promenade dans la ville, — ne trouvez-vous pas que les Tunisiens s'habillent avec beaucoup plus de luxe que nos compatriotes ?

— Si. Et leur élégance est d'autant plus sensible que leurs vêtements sont toujours composés d'étoffes de nuances claires : bleu doux, rose tendre, couleur pêche ou crème.

— Si les hommes s'habillent bien, fit à son tour Cornélie, en revanche, les femmes ont des costumes ridicules.

— Elles se servent pourtant de soies rayées fort belles et fort riches.

— Oui, mais on est choqué à la vue de ces masses qui se balancent lourdement dans leurs blouses larges et courtes, qui ne cachent pas leurs bas mal tirés.

— Mon enfant, répondit l'oncle Marius, l'embonpoint exagéré que tu reproches aux Tunisiennes est ici fort en honneur. On va jusqu'à engraisser les jeunes filles, sous prétexte de les embellir, en les soumettant à une alimentation et à un entraînement spéciaux.

Les musulmans pauvres portent le burnous ou de grossiers cabans. Toutes les femmes, indistinctement, se teignent les ongles et les paupières avec le henné.

Quand ils eurent visité les curiosités de la ville, nos amis firent quelques excursions dans les environs ; ce furent surtout le château du Bardo et les mines de Carthage qui les intéressèrent.

Le château du Bardo s'élève dans la plaine, tout près de l'enceinte ; c'est une immense construction, avec remparts et tours d'angles, destinée à loger non seulement le prince, mais aussi une cour, une garnison et toute une population de fournisseurs et d'artisans. Les appartements en sont chamarrés d'ornements, de tentures, de broderies, d'arabesques ; le marbre, l'albâtre et l'or y sont répandus à profusion. Mais les formes et les couleurs y sont mélangées d'une façon incohérente, les murs se lézardent et les planchers gauchissent.

Il est probable que la première colonie phénicienne fut bâtie à l'extrémité du Cap, entre la mer et le lac, à l'endroit où se trouvent aujourd'hui le Kram et les bassins à demi comblés des ports ; mais Kambi, la ville des immigrants sidoniens, la plus ancienne colonie de la côte avec Hippone, ne prospéra pas. La fortune ne vint qu'avec l'immigration tyrienne, lorsqu'une cité nouvelle, Kartadach — d'où le nom romain de Carthago — eut été fondée. Le plateau sur lequel les premiers colons tyriens creusèrent leurs tombeaux, en dehors de la cité, et où ils dressèrent ensuite la citadelle de Byrsa, a été identifié d'une manière certaine par les archéologues ; il est situé dans le massif des collines carthaginoises.

C'est là que fut édifiée, en 1842, une chapelle consacrée par Louis-Philippe à saint Louis. D'après la légende locale, le roi de France se serait converti à l'islam avant de mourir, et c'est lui que les Arabes vénéreraient encore sous le nom de Boû-Saïd (Père Seigneur).

Un beau jardin entoure la chapelle et les murs d'enceinte renferment dans leur maçonnerie des milliers de pierres anciennes, inscriptions puniques, romaines et chrétiennes, bustes, bas-reliefs, fragments de sculptures, idoles, images de saints et de martyrs, autels et cippes funéraires.

De cet emplacement, le panorama est merveilleux : il est formé par le lac et la rade, la flèche de la Goulette, la montagne de Boû-Kourneïn, qui rappelle le Vésuve, le pic lointain de Zaghouan et les eaux sinueuses et brillantes des anciens ports de Carthage.

Quel dommage que les Tunisiens aient presque complètement détruit les restes de l'antique cité! Mais les Arabes ont, pour miner le sol, l'industrie de la taupe; ils s'y glissent par des boyaux souterrains et suivent les murs en les démolissant; ils emportent les débris sans même savoir ce qu'ils ont anéanti.

Pourquoi faut-il encore qu'au moyen âge les républiques italiennes aient fait exploiter méthodiquement les ruines de Carthage pour la construction de leurs propres édifices! Hélas! la cité de Pise a été bâtie tout entière avec des marbres de la cité punique!

Les anciens ports de Carthage sont parfaitement reconnaissables, mais l'entrée en est oblitérée et le port militaire ne communique plus avec les bassins du commerce. Les archéologues ont retrouvé dans la terre d'alluvion des murs et des quais qui servent de points de repère pour la reconstitution de l'état primitif, et l'île où résidait l'amiral se voit toujours au milieu du bassin septentrional.

Après avoir séjourné trois jours à Tunis, nos amis se rendirent à la Goulette (en arabe Kalk-el-Oued, c'est-à-dire le Gosier du Fleuve); c'est dans cette petite ville, qui sert de port à la capitale, qu'ils devaient s'embarquer sur un navire en partance pour Marseille.

Ils avaient vendu Macache, leurs chevaux et leur matériel de campement. Kaddour les accompagna jusqu'au paquebot et ne les quitta qu'après avoir échangé avec eux les paroles les plus cordiales.

CHAPITRE XVII

Le retour. — Épilogue.

Après une absence de six semaines, nos voyageurs débarquaient le 20 mai, au port de la Joliette, où les attendait M. César Badourot. Ce que l'on échangea d'accolades et de phrases affectueuses, il faudrait plusieurs pages pour l'enregistrer.

Léocadie rayonnait de joie. Enfin elle revoyait Marseille ! Ah ! il ferait beau temps quand on la reprendrait à aller voyager parmi les sauvages. C'était bon pour une fois ; maintenant

qu'elle avait retrouvé son maître et ses fourneaux, elle ne les quitterait plus. Et si l'envie
lui venait, par extraordinaire, de revoir la terre
d'Afrique, elle n'aurait, pour ne pas céder à la
tentation, qu'à regarder son parasol rouge : à
sa vue elle se souviendrait de toutes les tribu-
lations qu'elle avait endurées de l'autre côté de
la Méditerranée, principalement de ces terribles
moustiques qui avaient failli la dévorer et
dont les piqûres avaient laissé sur son visage
des marques dont elle était à peine débar-
rassée.

Le paquebot était arrivé le matin de bonne
heure, et M. César Badourot et sa famille eurent
toute la journée pour causer sans interruption.
Mais, le soir venu, les voyageurs n'avaient pas
encore raconté la moitié de leurs impressions
et de leurs incidents de route.

Lorsque Cornélie et Numa furent couchés et
que les deux frères se trouvèrent seuls, l'ingénieur développa les projets qu'il nourrissait
relativement à la carrière de marbre qu'il avait
découverte dans les Oulad-Kebbab.

— C'est une affaire magnifique, dit-il, et dès

Comment! tu veux retourner en Afrique?... (Page 243.)

demain je vais demander à ma Compagnie de me charger des travaux préliminaires que nécessitera l'exploitation.

— Comment! tu veux retourner en Afrique?

— Pourquoi pas? J'estime qu'en six mois je pourrai compléter l'installation industrielle de l'entreprise, et je tiens à établir et à régler moi-même son fonctionnement. J'ai eu le bonheur de découvrir un trésor, je veux avoir le mérite de fournir les moyens de l'extraire de son enveloppe. Et qu'est-ce que six mois, quand il s'agit d'une œuvre dont l'accomplissement comporte les conséquences économiques les plus précieuses?

— Oh! oui, je sais; avec ton continuel besoin de mouvement, tu trouves qu'une demi-année passée loin de chez soi, ce n'est rien. Enfin, à ton aise. Mais je t'avertis que cette fois tu n'emmèneras ni mes enfants ni mes domestiques; je me fais vieux et je prétends les garder auprès de moi, les uns pour me servir, les autres pour me dorloter.

— Au moins tu reconnaîtras qu'ils te sont revenus en bonne santé?

— Oui, et je te remercie d'avoir fait faire à Cornélie et à Numa un voyage dont ils sont enchantés. Mais, comme dit le proverbe : *non bis in idem.*

— Je pourrai te répondre par la contre-partie : *bis repetita placent;* mais je préfère ne pas insister.

— Et tu comptes repartir bientôt?

— Dès que ma Compagnie aura obtenu du gouvernement la concession de la carrière. Les formalités peuvent durer longtemps, comme elles peuvent être très rapidement terminées.

La carrière découverte par l'oncle Marius est aujourd'hui en pleine exploitation et produit de gros bénéfices.

Suivant son désir, c'est lui qui a été chargé par ses chefs de diriger les travaux préliminaires et d'installer les machines nécessaires à l'extraction du marbre.

— Vous ne voulez pas repartir avec moi? demanda-t-il à son neveu et à sa nièce, quelques jours avant de s'embarquer.

— Oh! si, mon oncle! s'écrièrent en même temps Numa et Cornélie.

— Alors vous avez conservé un bon souvenir de l'Algérie?

— Excellent, répondit Numa.

— Eh bien, vous y retournerez peut-être un jour; mais actuellement vos études exigent que vous restiez à Marseille et je ne puis vous emmener.

— Je vous envie, mon oncle, dit Cornélie, d'aller revoir ces pittoresques montagnes où nous avons éprouvé tant d'émotions si diverses

— Ainsi tu n'as pas oublié les incidents de notre voyage?

— Oh! non, je ne passe pas un jour sans me rappeler quelques-uns d'entre eux ; et je me prends parfois à regretter un peu nos longues courses à cheval, nos campements, ce bon Kaddour, nos compatriotes du Petit-Libos, cette existence que jamais peut-être nous ne retrouverons.

Sur l'entablement où nos amis avaient campé, un petit village s'élève maintenant, auquel on a donné le nom de Mariusville. C'est là qu'habitent les ouvriers employés dans la carrière.

. Son œuvre accomplie, M. Badourot junior est retourné à Marseille, où sa Compagnie a généreusement reconnu la gratitude qu'elle lui devait. Il vit maintenant de ses rentes et son principal plaisir consiste à faire répéter à son neveu et à sa nièce les leçons qu'ils reçoivent, Numa au lycée, Cornélie dans une pension dont elle suit les cours.

Tous les trois parlent souvent de leur voyage en Afrique, et c'est toujours avec une douce impression qu'ils en évoquent le souvenir.

Jean et Léocadie sont restés au service de M. César Badourot. Quant à Kaddour, il s'est installé aubergiste à Mariusville, et il paraît que presque tous les ouvriers célibataires de la carrière prennent pension chez lui. Il écrit de temps en temps à son ancien maître et lui envoie chaque fois ses économies en le priant de les placer pour lui.

FIN.

TABLE DES MATIÈRES

1361-88. — Corbeil. Imprimerie Crété.